JN245632

アーキテクトプラス

〃設計周辺〃を巻き込む

監修──古澤大輔・岡部修三・ツバメアーキテクツ

はじめに

建築の跳躍を目指すトライアル

古澤大輔

建築は、社会的な状況と密接な関係をもつものであることは言うまでもないだろう。社会のなかで何かしらの目的を達成するために建築はつくられるがゆえ、まずもってして社会的な役割を建築は担っている。一方で、そもそも建築とはさまざまな部位部材たちが組み合わさって立体を形づくる物理的な存在でもあるし、その建築の形態が発する意味は、美的あるいは文化的尺度によっても審判される。つまり建築は、少なくとも物理的な側面、目的的な側面、そして意味的な側面が組み合わさった複合体であり、建築を設計するということは、これらを統合することに他ならない。しかし、最近のメディアの動向を見ると、建築の目的性に関する議論が集中していて、建築的形態が発する意味の可能性などの議論は後退してしまっている。僕なんかはそれを結構不満に思ってたりもしている。

どうしてこういう状況になっているのか。いくつか原因はあるだろうが、端的に言って僕は、ポストモダンの時代への誤解が大きいと思っている。僕が学生時代に建築を学んだ頃にはポストモダンはすでに終わったものとして扱われ、ろくな評価をされていなかった。しかし歴史的には、一九六〇年代に初めて史上に位置づけられる日本独自の建築論としてメタボリズムが誕生して以降、七〇年代の近代建築への同時多発的な批判運動の勃興を経て、八〇年代のいわゆるポストモダンと呼称される時代まで、先ほど挙げた建築の物理性・意味性・目的性が、どういう文化的、歴史的な有用性をもつのか、議論がひたすら行われていた。つまり、ポストモダンの時代まで、文化的にものすごく豊かに建築の議論が展開されていたのである。ただ不幸なことに、そののちに日本の社会に到来したのは社会の成熟ではなくバブル経済だった。そして、バブルの崩壊とともに、建築的な議論が未成熟のまま突如終わってしまい、建築的形態のもつ意味性に関心が増大した時代であるポストモダンが殊更にやり玉に挙げられ、それまでの議論でさえも無意味だったというレッテルが貼られてしまった。さらにバブル崩壊後には、不良債権化した倉庫や工場といったものをリノベーションによって再生させ、市場を流動化させようとする九〇年代後半の動きや、不動産証券化の影響が待ち受けていた。そして、二〇〇一年から始まったJ-REITの市場創設以降、不動産がファンド化することによってクライアントが不特定多数となり、建築家が価値を享受させせなければいけない対象が不明瞭になってしまった。なおかつ、都市部においてオフィスビルの床面積が余るという二〇〇三年問題もあった。その影響で、リノベーション・コンバージョン事業が盛んになり、建築家が企画段階から関与するなど、建築家のアクティビストとしての側面が社会的に取り沙汰されるようになってきたのである。こうした背景のなかで、本書は、このような建築家の「職能の拡張」といった、共時的な文脈の上に位置づけられるものだろう。

建築家、つまり「アーキテクト」という言葉を聞いたとき、僕は世紀単位のスパンで先代たちの通時的な仕事をイメージしてしまう。僕がつくった建築をコルビュジエが見たら何て言うだろうか。あるいは一〇〇年後の人たちが見たらどんな反応をするだろうか。そんなことを想像しながら、モードを共時的な側面に切り替えてクライアントプレゼンに向かう。しかし建築は、言うまでもなく奥が深い。地球の重力と人間のスケール、そして太陽の光は紀元前から不変だから、その職能は大きく言えばウィトルウィウスの時代とパラレルだ。でもビジネスにおいては、常にスキームが共時的な変動をするから、先達とパラレルな関係を実感することはなかなか難しい。たった十数年でポケベル時代のビジネスモデルをAI時代にパラレルに転用できなくなってしまう。そもそも人間は、社会・共産主義／民主・資本主義という限られたオペレーションシステムしか開発できていないけれど、もし第三のシステムが出現すれば、従来のビジネススキームなんて吹っ飛んでしまうだろう。つまり建築とは、それを取り巻く共時的なコンテクストと密接に関係しながらも、コンテクストから自律した両義的な存在なのだ。建築はコンテクストに接地していて、しかし同時に離陸している。

「アーキテクト・プラス」と題された本書のタイトルだが、「プラス」の背後に「マイナス」を想起させるがゆえ、もしかしたら違和感をもつ読者もいるかもしれない。じつは僕もそのひとりだった。でも、本書で取り上げられているさまざまな取り組みを「スタディ」というふうに受け取れば、社会シナリオの急速な変化に建築を接地させるために、アーキテクトという職能をスタディしている現代的な様相が立ち現れてくるだろう。そして、このスタディ過程を批評の海に投げ掛け、皆チューニングしているのである。だからこう考えてみたらどうだろう。コンテクストから自律し、建築が離陸するためには十分な距離の滑走路が必要だ。本書で示されたのは、確実に接地しながら滑走し、「建築」の跳躍を目指す建築家たちの、時宜を得たトライアルの切断面なのだと。そして、この切断面をつなぎ合わせれば、これらの取り組みによって切り開かれる豊かな建築の地平を感じ取ることができるだろう。それが本書の価値なのだ。

この先に見る「建築」の姿に思いを馳せれば、建築の未来はたぶんきっと、輝いている。

目次

巻頭鼎談

士業と思想の二つの世界の横断を試みる“上流工程”での活動

古澤大輔［リライト］

×

岡部修三［upsetters architects］

×

千葉元生［ツバメアーキテクツ］

古澤大輔

岡部修三

千葉元生

〝上流工程〟に関わるのは仕事を取るための工夫？

──本書では、建築や都市の領域において、企画やリサーチ、コンサルティングなど一般的には〝上流工程〟と呼ばれる領域でも活躍されている建築家やクリエイター、ベンチャー起業家にインタビューを行いました。このような活動が活発になった理由としてどのような背景があるのでしょうか。まずみなさんの活動を紹介いただきながら、議論をお願いします。

千葉　ツバメアーキテクツはDESIGNとLABという二つの部門を設けています。DESIGNでは建築や家具の設計を、LABではリサーチやコンサルティング業務を行なっていて、それぞれ空間構成と社会構築を扱う部門として位置づけています。

DESIGNが一つのプロジェクトを掘り下げていくタテ方向の思考だとすると、LABはそれらのプロジェクトを横断的に考えて、思想的な背景をつくったり研究をするヨコ方向の思考だと考えています。この二つの部門を連動させて活動を行うことで、業務を請け負う建築士としての役割と、イデオロギーを唱える建築家としての役割を両立させることをイメージしています。

岡部　upsetters architectsは建築、インテリア、プロダクト等を対象としたデザインチームと、なぜ、何を、どのようにつくり、いかに運用すべきかといったことを考えるストラテジチームによって構成されています。この二つのチームで役割を分けながら、クライアントのパートナーとして、包括的かつ長期的にプロジェクトに関わり、ビジョンと事業性の両立を目指します。

　ストラテジチームにおいては、直接的に建築設計に関わらないプロジェクトもありますが、いずれにしても、建築家として社会に何ができるか、という一貫した思いによるものです。

古澤　リライトも基本的には皆さんと同じで、ソフトとハードの二つの専門領域をもっています。簡単に言えばコンサルティングと建築設計ですが、これを実現するために全部で六つの事業体をもつグループ企業になっています。ハード領域をリライトD（建築・不動産事業部）が受けもつ一方で、ソフト領域はリライトC（コミュニティデザイン事業部）を中心として、リライトW（コンテンツ事業部）やリライトU（都市空間プロデュース事業部）など五つの事業体が担当しています。
　特徴的なのはこれら六つの事業部がそれぞれ分社化していて別々の会社となっているところです。これは求められる専門性に適合させていった結果なのですが、こうした組織を変動させて職能をスタディしていくイメージは、たぶん本書に登場する方々は共通しておもちなのではないでしょうか。

岡部　今回取り上げられているインタビュイの方々はそれぞれ専門とする領域、興味、手法が少しずつ異なりますが、いくつかの専門領域を横断して活動されている点で共通していると言えます。

　建築家の職能が拡張すること自体は、時代背景から考えると極めて自然な結果だと思います。そもそも今は、複数の専門性をもつことは珍しくなく、それらの横断は極めて容易になったと言えると思います。

　そうした時代背景を前提に、ここでの議論を領域の横断や、職能の拡張といった話に終始しないようにしたいですね。

――建築家が〝上流工程〟に積極的に関わろうとする理由はどのようなものだと考えられますか？

岡部　根本的な話になってしまうのですが、〝上流工程〟という表現に違和感を覚えます。上流だから良いという話ではなくて、本来はどの部分にも大切な役割がありますよね。

古澤　僕もまったく岡部さんに同感で、上下関係を想起させる〝上流工程〟という言葉にある種の嫌悪感を感じてしまいます。企画段階と設計・現場段階は上下の関係でなく時間軸上の前後の関係に過ぎません。ただ、一般的に認知されているワードなので、あえて今日は使ってお話しすることにしますね。

千葉　僕も同感です。上流、下流という認識はプロジェクトの単位をどこで区切るかということによって違ってきますし、建築家から見るのかクライアントから見るのかその主体によっても変わってきます。

またリノベーションなんかは建物ができてしまったあとだから下流なのかというとそんなことはない。小さな改修の仕事でも、その場所の価値を激変させてしまうような仕事は増えてきています。

むしろ今はどこからでもプロジェクトを立ち上げられる時代で、だからこそ、専門性を広げたり、深掘りしたりと目指す射程によってそのアプローチを選択できるのだと思います。

古澤　話を戻せば、建築家にはアカデミズムと接続するいわゆる〝研究者〟という側面と、設計業務を生業として実社会に接続する〝建築士〟という側面をもっていて、言い換えれば抽象的な世界と具象的な世界、この二つの側面を横断するのが建築家です。そして、昨今の多様化する実社会に対応するべく、企画段階におけるコンサル的な動きが求められているのだと思います。つまり、抽象世界と急激に変化する具象世界とを横断するための〝上流工程〟への関与であって、建築を取り巻く可能性を広げる行為だと思っています。でも、メディア的に取り沙汰される〝上流工程〟って、仕事の生み出し方やフィーの取り方といった類のものに偏りがちですよね。

もちろん、〝建築士〟としては、仕事を取るための工夫、もしくは設計単価を上げるような工夫を当然する必要が出てきますし、そのための職能の広がりでもある。でも、そのような努力が必要なのはどんな時代でも同じことで、当然その時代ごとに方法も異なるわけです。ですから、こうした現象はそれぞれの試行錯誤の様相とも言えますし、今現在の状況の切断面に過ぎないとも言えます。

いずれにせよ、この〝上流工程〟という語彙が指し示す意味が、具象と抽象を横断する創作論としての工程なのか、単に仕事やフィーの取り方の話なのか、解像度を高めて議論する必要があると思います。

アクティビストとアーキテクト

――建築家としての活動で社会との接続を意識されたきっかけはどのようなものでしたか？

古澤　そもそも、社会との接続を意識していない建築家はいないと思いますし、建築家それぞれの接続の仕方があるという前提でお話ししますが、僕が印象に残っている建築家の社会的な立ち振る舞いはプランテック総合計画事務所の大江匡[1]さんですね。

彼はひたすら建築家批判を展開したことでも知られていますが、建築家の職能を社会に接続させるためにはコンサル的なアプローチが重要だと説いていて、当時僕はまだ学生でしたが、こういった発言に煽られて影響されたのを覚えています。時代としては学部の四年生でしたのでちょうど二〇〇〇年になった頃でした。だけどその後の大江さんは建築家の社会適合性を謳うあまり、アーキテクトではなくアクティビスト側に傾倒してしまいました。僕はこうした建築の社会性に関する議論は重要だと思っていますが、一方でそれは、建築がもつ可能性の一側面でしかありませんので、それが主題化されてしまうのは危険だと考えるようになりました。

建築家のアクティビストとしての側面は、建築を統合するうえで一手段でしかありません。それに、建築家はいつの時代でもアクティビスト的な性質をもっていたものだと思います。こうした流れの延長に、今回の建築家の職能の話があると思うし、その側面だけを殊更取り上げるのは誤解を生むような気がしています。

千葉 ある雑誌で「プロジェクトデザイン」という特集の企画に参加したことがあります。建築家がどのようにしてプロジェクトを生み出してきたかという主旨の特集でした。

そのときに、ル・コルビュジエ[2]の「ユニテ・ダビタシオン」の話が話題に上がったのですが、ル・コルビュジエは第二次世界大戦後フランスが社会党政権になったときに、住宅問題を解決しろというデモの先導に立って運動をしていました。そしてそれがユニテ・ダビタシオンをたくさんつくることにつながった。モダニズムを牽引した建築家もアクティビストとしての側面をもって運動することで、その思想を実現していたということでした。

またその際に、日本の戦後において重要と思われるプロジェクトデザインの事例を年表にまとめました。それによると、戦後すぐには住宅供給の問題に対して、プロトタイプの開発や公営住宅の提案に建築家が積極的に取り組む時代がありました。その後、メタボリズムがあり都市に対するさまざまな提案がなされるのですが、バブル経済を挟む八〇〜九〇年代にはそういった事例が少なくなります。

その後、二〇〇〇年代後半からまた事例が増えてくるのですが、東日本大震災が起こった二〇一一年以降一気に増加します。盲目的に信じてきた社会的な基盤が崩れ、どのようにして生きるのかということを改めて考えなくてはならなくなったタイミングで、エコロジーやシェアに着目した暮らしの提案やワークショップを利用した公共に対する提案などが活発になってきたという流れです。

岡部　アクティビストとしての社会的な文脈での活動とアーキテクトとしてのアカデミズムの文脈での活動、このどちらが活発になるかということは、まさに社会情勢によって変化してきたということですね。

建築家が社会のなかで、自らの活動を位置づけようと葛藤してきた歴史はとても興味深いです。こうした自らの活動に対する意識は、建築家の職能の可能性を示唆するものでもあると思います。

〝上流工程〟とは実務という試合に出るための筋トレ

古澤　岡部さんは、本書の記事で紹介されている、ブランディング開発をされた「白青」[一]のような地域での活動や民藝的なプロダクトに対して、どのようなインセンティブがあって興味をもち始めたのでしょうか。

岡部　始めた頃のインセンティブは、建築も含めて生活に関わるすべてのものにデザイン対象としての興味があるという、非常に純粋なものでした。
　プロジェクトを続けていくうちに、より本質的な活動、すなわち単純な経済活動を超えた文化を生み出し、つないでいくような、そんな取り組みにしていきたいと思うようになり、最終的に自分で事業を展開してみたいと思うようになりました。

[一]――upsetters architectsが企画立案からプロダクトデザインまでトータルで手掛けた砥部焼ブランド「白青/Shiro Ao」の製作過程(ブランド戦略、ブランドアイデンティティ構築、プロダクトデザイン‖upsetters architects、2013年)

もちろん、「白青」の産地、愛媛県の砥部町が地元というのは大きいと思います。砥部町は一〇〇カ所程度の砥部焼の窯元で成り立っているまちなので、産業に関わるということは、最終的にはまちと深い関わりをもてるとも考えました。

古澤　なるほど。僕も自分の地元である東京都立川市のとある商店街で、空き家となっていたテナントを借り上げ、自分たちでリノベーションしてサブリース運営したりしましたが［二］、その活動のモチベーションは地元のためにというのが半分ありましたので、岡部さんのおっしゃることは実感としてわかります。僕の場合もう半分は、先ほど申し上げた建築の目的性を創造するためのトライアルとして位置づけていたのですが、ただ、それだけやっているとつらいですよね。地元に定着して、産業の問題を解決することはやりがいがあ

［二］――リライトはまちづくりのための活動「立川プロジェクト」が設立のきっかけとなった。写真はシャッター商店街の空き物件を活用した拠点

るけれど、ほかにやることがあるからバランスを保てるわけです。

岡部　あまり意識したことはありませんでしたが、そういう側面はあるかもしれませんね。

古澤　アスリートに喩えるなら、筋トレみたいなものですよね。実務という試合に出るためには筋トレを日々やらなければいけない。

岡部　まさに、そうですね。例えば、渋谷区と一緒に「超福祉展」という取り組みを始めて今年で6年目になります。最終的に〝福祉〟という言葉の意味が変わることを目指して取り組みを続けていますが、まさに筋トレと言えるかもしれません。年に一度のイベントに向けて、その時々の情勢から課題を設定し、リサーチと分析を地道に積み上げていくような関わり方で参加しています。例えば、福祉機器の開発に関わる方々に会ってインタビューさせていただき、そこから現場ならではの葛藤をあぶり出したり。そうした活動における、一つの物件に縛られないリサーチと分析は、ライフワークとして自分の軸の一つになっています。

古澤　今の時代は色々な筋トレの道具があるから、あちこちの筋肉が鍛えられて面白いってことですよね。

岡部　それぞれの問いが複雑なので一つの問いだけに向かい合っているとしたら、行き詰まることもあるのかなと思いますが、常にまったく異なるプロジェクトが並走しているので、そんな暇はありません（笑）。また、いろいろなものを同時に成立できるのが今の時代らしさでもあると思います。

古澤　話が戻りますが、上流工程に関与していくというのは筋トレをしようと言ってるようなものだから、それをあまり大上段に構えてしまうと、ちょっと違和感がありますね。

岡部　そうですね。建築家ができることの範囲を、自覚的に考えることは非常に重要ですが、そのうえで企画に力を入れたい人もいれば、建築を深堀りしたい人もいて、もっと理論に基づき設計したい人もいる。それは個人の興味によるのでどれが良いということは言えないという話だと思います。

古澤　そうですね。一方では、筋トレ多様化時代だからこそ、あえてジムに行かないという選択肢もあり得るわけで、変化の速い時代だからこそ「変化しない」という価値観を突き詰めるという方法もあるということだと思います。失礼な表現に聞こえるかもしれませんが、いわゆる従来型の業務を継続できる建築家は、それはそれで、貴重な存在です。この変化の波のなかで変わらないで居続けるということは、素晴らしい価値を本来もっているはずです。

建築家それぞれのトレーニング法

——本書で取材したインタビュイの方々の活動も、それぞれの守備範囲や興味に従って、それぞれの筋トレをされているということになりますね。

古澤　noiz〔三〕の豊田啓介さんの活動に僕はいつも注目しているのですが、最終的なデザインで社会への問い掛けを示すための、回り道としてのコンサルティングであるとおっしゃってましたね。まさにコンサルティング業務が目的ではなくデザインの手段としての筋トレであるということでしょう。また、蔡佳萱さんや豊田さんは記事中で学生に留学を勧められてました。これも「選択肢に接続するように筋トレしなさい」ということにほかならず、しかも学生レベルからするべきという教育者的な視点が興味深いと思いました。

［三］── noizの建築作品「Industrial Technology Research Institute (ITRI)」(設計‖Bio-Architecture Formosana、ランドスケープ・ファサードデザイン‖noiz、2014年)

［四］──Rhizomatiks Architectureのリサーチプロジェクト。経済産業省との共同プロジェクト「3D City Experience Lab.」で制作した渋谷駅周辺750㎡の3Dデータ

——Rhizomatiks Architecture［四］として都市再開発の仕事に多く携わっている齋藤精一さんの活動に関してはどのような点に興味をもたれましたか。

古澤　記事中の齋藤さんの発言で印象的なのは、自分自身のことを「全体をフワッとわかっているのが、強み」と言っていることです。非専門性の強みというのは、今回の議論に接続する話で、専門性を明言しないことの価値と言えるものですね。自分は設計しないとも明言されていますから、都市や建築に関する自分の立ち位置をコンサルタントに設定したんだと思うんです。これはかなりの決断だと思いました。

千葉　そうした非専門性を明言することによって、逆説的に建築や都市の仕事がたくさんきているのも興味深いですね。

岡部　「今一番面白いのが地方銀行か地方行政」とおっしゃってた点に共感しました。地方銀行については見方によると思いますが、地方行政に関しては、明確なモチベーションをもっているのであれば、かなり面白い時代だと思います。

実際の仕事で実感しているのですが、地方行政に与えられている権限は、今話している〝上流工程〟に極めて近いと思います。発注者と考えると当たり前とも言えますが、建築の教育を受けた人との相性は良いと思います。

——エネルギーを切り口にしたまちづくりや設計を行う蘆田暢人さんの活動［五］は、一点強化のトレーニングのように見受けられましたが、いかがでしょうか。

千葉　一点強化のように見えつつ、まったくそんなことはありません。エネルギーの問題は私たちの暮らしの条件を決定する根源的なテーマです。だからこそさまざまな専門家と協同したり、地域とつながったりすることができていて、非常に面白い取り組みだと思いました。

岡部　建築を環境の制御装置として考えるとしたら、いろいろな工夫ができる時代だと思います。技術的な検証がやりやすくなってきているので、アトリエ的な事務所が独自の解釈でアプローチするための選択肢の一つとして有効になり得ると思います。僕らの規模の事務所でも、一戸の住宅でエネルギーの収支をシミュレーションすることは普通になってきていますし、今後はもっといろいろなことが可能になると思います。

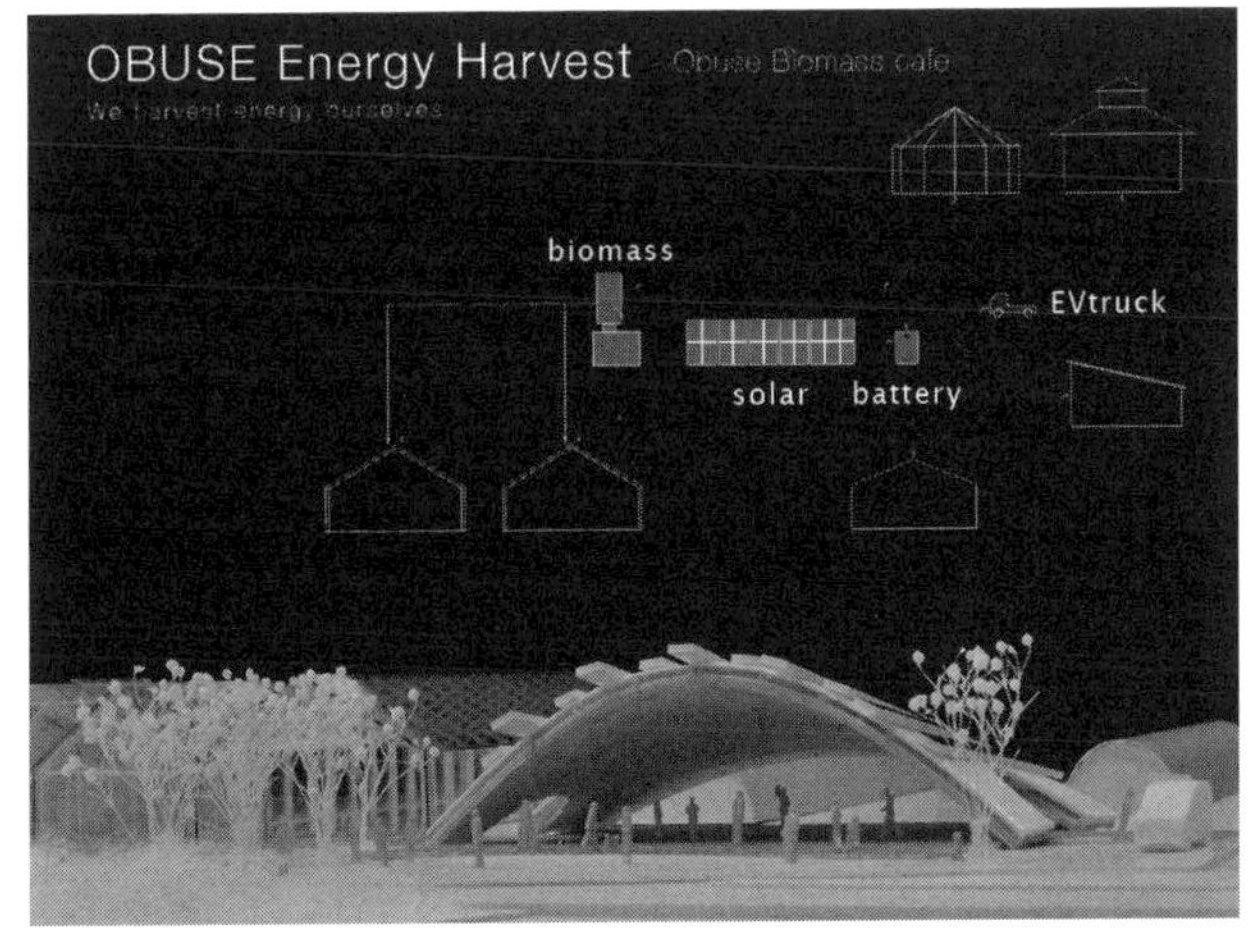

［五］── 蘆田暢人建築設計事務所のプロジェクト「小布施エナジーハーベスト」模型（ENERGY MEET、2015年）

——落合正行さんは建築家ですが、リサーチやコンサルティング等の研究業務を大学の研究室[六]で受託され、現在は設計ではなく研究業務に主力を注いでいます。

古澤　今回掲載されているほかの方はまず設計があって、その背後に実社会に接続するためのまちづくり実験があるという方が多いのですが、落合さんの場合は逆で、大学というアカデミズムでまちづくりという分野を扱っています。

岡部　文中にも、リサーチとコンサルティングを研究室で担って、事務所は設計に特化しているというコメントがありましたが、目的別に居場所を切り分けて考えている例ですね。

古澤　なおかつ、研究室で扱っているプロジェクトについては自分が設計しなくても構わないとおっしゃってましたね。良い与件さえできればほかの建築家でもよい建築をつくってくれるからということでした。彼がまちづくり工学科に所属してるからこそ、そういうマインドになれるのでしょう。また、独立することがすべてではないという発言も面白いですね。やりたいことがあれば所属先は関係なく、そのなかでやりたいことを保てるかどうかが大事ですよね。

岡部　よく「どうやったら独立できるか」と聞かれるのですが、独立が重要ではなく、何がやりたいかが重要だと答えるようにしています。今は、能力があれば、組織のなかでも個人が目立てる道が十分あり得ますから。

——ワークプレイスや中古リノベーションマンシ

ヨンの流通プラットフォームの運営など多彩なプロジェクトを展開するツクルバ創業者の中村真広さんは建築や都市へアプローチする活動が面白く、今回お話をお伺いしました。

千葉　ツクルバが（株）HALと仕掛けるKOU［七］というコミュニティ通貨の仕組みが非常に面白いと思いました。例えばAirbnb[3]が家のあり方を変えていける可能性があるように、コミュニティ内で見

［六］──日本大学理工学部まちづくり研究科 落合研究室でコンサルティングを手掛ける「白糸ノ滝店舗集約化事業」の敷地模型

［七］──（株）ツクルバと（株）HALによる共同プロジェクト、コミュニティ通貨のスマホアプリ「KOU」

えなかったものを可視化することによって、その場所の管理や運営の方法を変化させコミュニティスペースの空間を変えていける可能性があります。今回の記事では、いわゆる建築領域の外側から建築的なアプローチをしている稀有な例ですよね。

岡部　すごく興味深いですよね。建築家的な思想と、スタートアップの突破力が良いかたちでリンクすれば、その可能性は無限に広がることを示唆していると思います。

古澤　中村さんが「グッゲンハイム美術館のように、建築ができることで地域が変わるような仕事を、建築家だったらやりたかっただろうと思います」と過去形で発言していますね。ポイントは、リアクションをいつ欲しいのかという話なのだなと思いました。自分の仕事に対してのリアクションを今求めるのか、それとも歴史的な視点で求めるのか。建築には、それをつくることで地域が活性化するという共時的な反応と、歴史的に後世にどう位置づけられるのかという通時的な反応があります。どちらが正しいという話ではなく、建築家としては複数のリアクションに耐えられるような筋肉のトレーニングをしていくべきなのだと思いました。

共時的／通時的

——今までの議論を振り返って、どのような感想をおもちでしょうか。

古澤　少なくとも、建築家の性質として二つのベクトルが顕在化していると理解できますね。建築の議論を深化させる、アーティステック、またはアカデミックなベクトル。そして本書で紹介しているような、水平的かつ横断的に専門領域を広げるという、アクティビストのベクトルです。

千葉　僕は東工大で、今起きている物事を通時的に歴史との連続のなかで捉えることを教わりました。今自分たちがどこにいるのか、それを認識したうえで、自身の活動を位置づける。そのことによって、ただ業として仕事を請け負うだけでなく、アカデミックな部分、つまり歴史や思想に接続することが重要です。一方、実務ではクライアントから対価をもらって求められるものを建てなくてはいけない。そのときに抽象的な思想を入れ込むことは、必ずしも必要とされていなかったりする。それを両立させるために、古澤さんが取り上げた二方向のベクトルをバランスさせる必要があるのだと思います。

岡部　僕らが設計に取り組むスタイルを柔軟に変えていくのも、それを業とするためではなく、生みだすものを建築と呼ばれるに足るものにするための試行錯誤とも言えます。これだけ変化の激しい時代なので、それに合わせて取り組み自体を変化させていくほうが自然だとも考えています。そして、そうした新しいアプローチは、新しい建築につながる可能性を秘めていると思います。

二項対立の間をつなぐ

——テクノロジーの進化により、どのような変化を建築に期待できるでしょうか?

岡部　テクノロジーの進化によって、これまで感覚的に判断していたことの詳細なエビデンスを入手できるようになることは大きいと思います。それによって、扱えるパラメーターが広がり、かつては手が出なかった領域にアプローチできるようになることに期待しています。先ほどの話とつながりますが、単純に、できることが増えていると考えると、同じやり方を繰り返すのではなく、やり方を疑って変えるほうが自然ですよね。広がることも大事ですが、きちんと深化させていくべきタイミングだと考えています。

古澤　テクノロジーの進化が、例えば流通を変える側面がありますね。実際、VUILD（ヴィルド）の秋吉浩気君[4]がデジタルな加工技術を利用して林産地のネットワークをつくる新しい試みをしています。

ただ、できることが拡散しがちだから、それを束ねるためには何か議論が必要ですよね。統合的な議論によって多様な活動をまとめるきっかけになれば、それはすごい豊かな社会が生まれる手助けになると思います。

千葉　僕らも（株）飛騨の森でクマが踊るという会社と協同して、飛騨の広葉樹で家具をつくるプロジェクト［八］を行いました。飛騨は家具の生産で有名ですが、供給の安定性からそこで使われる木の多くが輸入材です。彼らは、そこにデジタルファブリケーションを絡めることで、地場の木と地元の職人を結び付け産業のネットワークを組み替える活動をしています。こうしたネットワークの組み替えは建築をつくる条件を変えますから、テクノロジーが今まで結び付かなかったもの同士の関係性をつなぎ合わせるものとして活用されていけば面白いのではないかと思います。

古澤　岡部さんの先ほどの「白青」では、最初は営利事業として始めたものの、理想を追求するために、非営利団体の可能性を模索され始めた。それは営利団体と非営利団体の中間を狙われているものだと思います。両方の活動のなかから、今後の社会に求められているものを模索するということですよね。

岡部 まさに、そうですね。あえて少し加えると、中間を狙うというのは今の日本における位置付けに対しての感覚で、実際は、より本質に向かうと言ったほうがしっくりくるかもしれません。ちゃんと納得できるものをつくろうと考えたときに、取り組む組織の制度上の性質も含めて、きちんと見極め設定する必要があると思うようになりました。歴史と接続して残っていくようなものを、考えるとしたらなおさらだと思います。より明確な目的とそれを達成するための戦略、それらをきち

[八]——ツバメアーキテクツがデザインした飛騨の小径木広葉樹を活用した家具「KINOKO」(企画:飛騨の森でクマは踊る、設計:ツバメアーキテクツ、製作:Hida Collection)

んとセットできれば、より純粋に新しいものを提案できるんじゃないかという思いがあります。

古澤　今回の議論を総じて振り返って、DESIGN／LAB、ソフト／ハード、共時的／通時的、営利／非営利といった具合に二項対立的に整理されるキーワード群は、見慣れたものではあるけれど、具象と抽象の二つの世界の横断を試みる過程のなかから生まれてきたものであると再認識しました。そう考えると、じつは本書で掲載しているような、いくつかの専門領域を横断していく活動を注視することで、具象と抽象の二つの世界の今現在の姿と、そして今後の動向を占う物差しが明示されるのかもしれませんね。

1――大江 匡＝一九五四年生まれ。建築家。一九八五年（株）プランテック総合計画事務所設立、二〇〇五年（株）プランテックアソシエイツ代表取締役就任。次々に業務を拡大し、現在では施工、マネジメント・コンサルティング、IT・プロダクトソリューション、会員制ホテル運営、人材紹介事業等を行う企業からなるプランテックグループを展開。

2――ル・コルビュジエ（Le Corbusier）＝一八八七年生まれ。スイスで生まれフランスでおもに活躍した建築家。ドミノシステムの考案や「近代建築の五原則」の提言などによりモダニズム建築の成立に多大な貢献を果たした。

3――Airbnb, Inc.＝二〇〇八年にブライアン・チェスキー（Brian Chesky: 1981-）とジョー・ゲビア（Joe Gebbia: 1981-）、ネイサン・ブレチャーチャイク（Nathan Blecharczyk: 1984-）により設立。貸したい物件をもつ一般人が借りたい客に部屋を提供するウェブサイトシステムを構築・提供。一九〇カ国三万四千以上の都市で宿泊可能（二〇一八年一二月現在）。

4――秋吉浩気＝一九八八年生まれ。建築家・起業家。二〇一六年（株）VUILD design & managementを設立。デジタル木材加工機「ShopBot」を用いた、エンドユーザーが自由に設計した家具などを地域の工房が作成する仕組みEMARFを二〇一九年四月に公開。

interview 1

空間をつくる「Design」と プロジェクトをつくる「Lab」の2部門構成で ソーシャルテクトニクスを体現する

山道拓人・千葉元生・西川日満里
［ツバメアーキテクツ］

Lab ＋ Design

空間の設計をする「Design」と、空間が成立する前の枠組みや完成後の使い方を思考しプロジェクトを立ち上げていく「Lab」の2部門構成を取るツバメアーキテクツ。「Lab」は設計業務の入口としても有効であり、また「Lab」で生まれる発想がソーシャルテクトニクス（社会的構法の建築）という建築概念を構築するという。その具体的な実践について聞いた。

Organization Data

構成＝「Design」と「Lab」の2部門構成。基本的に全員が「Design」と「Lab」両方の業務に携わる。

メンバー＝計10名。ボス3名、ブレーン1名（「Lab」所属）、技術顧問1名、アソシエイツ6名。随時アルバイトも雇用。（2019年2月現在）

山道拓人

一九八六年東京都生まれ。二〇一一年東京工業大学大学院理工学研究科建築学専攻修了後、二〇一二年ALEJANDRO ARAVENA ARCHITECTS/ELEMENTAL(チリ)、二〇一二〜一三年(株)ツクルバ勤務を経て、二〇一三年(株)ツバメアーキテクツを千葉元生、西川日満里と共同設立。二〇一八年同大学大学院理工学研究科建築学専攻博士課程単位取得満期退学。江戸東京研究センター客員研究員。住総研研究員。

西川日満里

一九八六年新潟県生まれ。二〇〇九年お茶の水女子大学生活科学部卒業。二〇一〇年早稲田大学芸術学校建築設計科修了。二〇一二年横浜国立大学大学院建築都市スクールY-GSA卒業。二〇一二〜一三年CAt(Coelacanth and Associates)勤務を経て、二〇一三年(株)ツバメアーキテクツを共同設立。早稲田大学芸術学校非常勤講師。

千葉元生

一九八六年千葉県生まれ。二〇〇九年東京工業大学工学部建築学科卒業後、二〇〇九〜一〇年スイス連邦工科大学留学。二〇一二年東京工業大学大学院理工学研究科建築学専攻修了後、慶応義塾大学システムデザイン工学科テクニカルアシスタントを経て、二〇一三年(株)ツバメアーキテクツを共同設立。

「仕込みの段階」を仕事にする

――二〇一三年にツバメアーキテクツを立ち上げるまでの経緯を教えていただけますか？

山道　ツバメアーキテクツは二〇一三年に私と千葉、西川の三人で立ち上げました。私と千葉は東京工業大学の同期生で、二〇〇九年から二〇一二年まで塚本由晴[1]研究室で一緒に大学キャンパス内の環境エネルギーイノベーション棟という九千㎡くらいの施設を設計し竣工まで設計監理も担当しました。

千葉は在学中にスイス連邦工科大学へ留学、ロンドンの設計事務所でインターンをし、卒業後に慶應義塾大学で助手の職に就きました。

一方、私は博士課程に進学しつつ南米チリのアレハンドロ・アラヴェナ[2]率いる設計事務所ELEMENTALで働き、帰国後は場づくりや不動産テックとして急成長中のベンチャー企業（株）ツクルバに二年くらい在籍し、プロジェクトが立ち上がる現場にいました。

それから、やはり本格的な建築の世界で勝負したいと、千葉やちょう

1――塚本由晴＝建築家、東京工業大学大学院教授。一九六五年生まれ。一九九二年貝島桃代とアトリエ・ワン設立。東京をフィールドワークし無名の奇妙な建物に着目。また建物の「ふるまい」研究などフィールドワークを自らの建築に活かすのが特徴の一つ。

2――アレハンドロ・アラヴェナ（Alejandro Gastón Aravena Mori）＝チリ出身の建築家。一九六七年生まれ。一九九四年Alejandro Aravena architects、二〇〇一年公共性、社会性の高いプロジェクトに特化したELEMENTALを設立。二〇〇九年から二〇一五年までプリツカー賞の審査員。チリのソーシャル・ハウジングで二〇一六年プリツカー賞受賞。二〇一八年英国王立建築家協会(RIBA) Charles Jencks賞受賞。

3――小嶋一浩＝建築家。一九五八年生まれ、二〇一六年没。一九八六年シーラカンス共同設立、一九九八年シーラカンスアンドア

どCAt（シーラカンスアンドアソシエイツ東京）を辞めたばかりの友人の西川を誘ってツバメアーキテクツを立ち上げました。

――西川さんと山道さん、千葉さんとの出会いはいつ頃だったのでしょうか？

西川　私は大学を卒業後に建築を学び始め、早稲田大学芸術学校の建築設計科、横浜国立大学大学院建築都市スクールY-GSAを卒業したあと、大学の指導教官だった小嶋一浩[3]さんのもと、CAtに勤めました。山道とは大学時代からの友人で、半年に一度程度連絡を取っていました。

――二〇一三年に独立したとき、設計の仕事はあったのでしょうか？

千葉　「旬八青果店一号店」[二]という小さな八百屋の仕事がありました。オーナーとの共通の知人に紹介してもらった仕事で、これが私たちの最初のプロジェクトです。その設計をしているうちに、「阿蘇草原情報館」[三]という八〇〇㎡ほどの地域の草原保全活動を支えるための公共施設

ソシエイツとして改組、二〇〇五年再編を経てCAt（シーラカンスアンドアソシエイツ東京）代表を務める。学校建築の分野でとくに優れた作品を数多く手掛けた。

［二］――「旬八青果店1号店」（設計＝ツバメアーキテクツ、二〇一三年）

の設計も始まりました。

阿蘇で地域づくりの活動をしている都市計画事務所・設計事務所に声を掛けてもらい、共同設計というかたちで手掛けた仕事です。

――「Lab」を立ち上げるアイデアはいつ頃生まれたのでしょうか？

山道　最初の二つの仕事以降、小さい仕事をいくつかこなしていくなかで、徐々にイメージが浮かび始めました。

プロジェクトには仕込みの段階、たとえば土地や物件を探したり、そもそも事業として何をするかという議論をしたり、さらにその事業計画をつくるための基本計画をつくったり、ワークショップやヒアリングをしたり、といった段階がありますよね。

設計事務所の多くは、こういった設計以外の業務に関して、無料あるいは小額で相談に乗ってしまったり、相談だけのはずが結構な時間を掛けて初期提案といえるものをつくってしまっていることも多いのではないでしょうか。

ゼネコンなどだと営業設計なんていう言い方もありますよね。本来は

［二］――「阿蘇草原情報館」（設計＝ツバメアーキテクツ＋アークス計画研究所＋メッツ研究所、二〇一五年）

プロジェクトの大事な部分なのに、「あくまで営業だから」とだましだまし進めようにも、かえって建築的な思考を十分に発揮できない状態になり、誰も幸せにならないと感じました。だったら建築家という専門家として仕込み段階のブレーン・メンバーになればいいんじゃないかと。

そこでウェブサイトを立ち上げる際に、設計業務を意味する「Design」のほかに「Lab」を設けました。そこから仕込みの部分からちゃんと業務委託契約をして、十分に建築的なアイデアを発揮できるようになりました。

——具体的にはどのような仕事から発想したのでしょうか？

山道　二〇一四年頃から手掛けた「荻窪の多世代型集合住宅　荻窪家族プロジェクト」［三・四］は、「子ども・若者・高齢者が一緒に暮らす多世代居住シェアハウス」がコンセプトです。多世代がシェアハウスをする場合、何が起きるか、どのように空間を良く変えていけるかを、事前にシミュレーションしたいということで、すでに建設が始まっている状態から、僕らがチームに入りました。

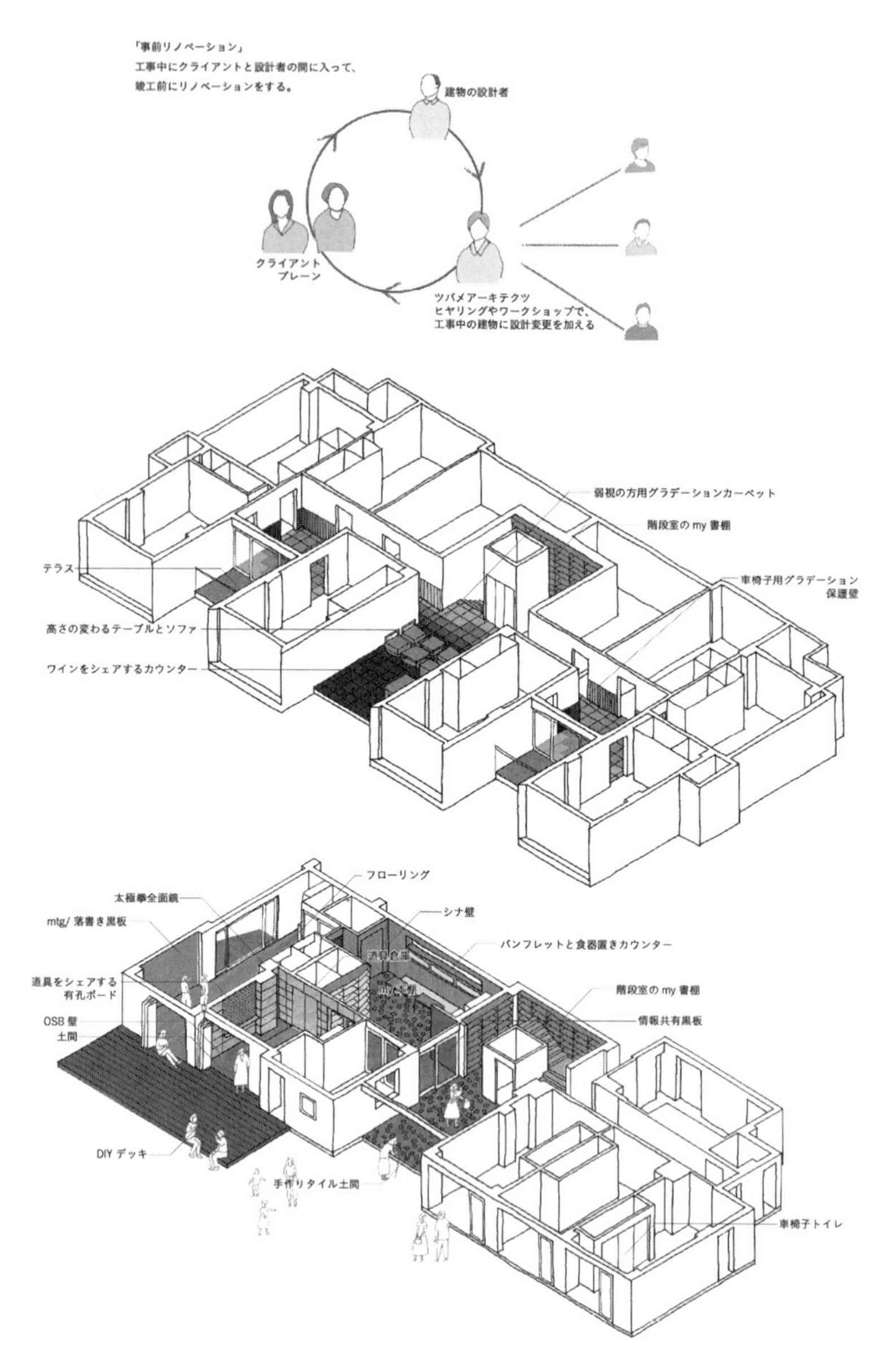

［三］——「荻窪の多世代型集合住宅 荻窪家族プロジェクト」（建築設計・監理‖連健夫建築研究室、共有部インテリア設計・プロモーション業務‖ツバメアーキテクツ、2015年）。アクソメ図

僕らは工事現場の進行に合わせていろんなバックグラウンドの人を述べ三〇人ぐらい集め「あなただったらどのようにこの建物を使いこなしますか？」というアイデアを募るワークショップを一〇回ほど開催しました。ただ躯体の変更は現実的には難しかったのでインテリアデザインにそのアイデアを反映させていくというプロジェクトになりました。新築なのに竣工前に建物の想定を拡張し設計変更を行ったので〝事前リノベーション〟と呼んでいました。結果として、まちの不動産屋さんがつくる集合住宅が、竣工後にいきなりまちの人々が集まる公共施設のような使われ方をし始めた。

このように建物やインテリアが一種の社会構築のように人間関係を形成していったり、建物の使い方をユーザーやまちの人と一緒に発明していったりして、建築の姿が変わる手応えみたいなものをつかみました。『新建築』や『日経アーキテクチャ』などの建築メディアや新聞などにもかなり載せていただくことができたし、このプロジェクトを通して出会った人と多くのプロジェクトをその後手掛けることになりました。

しかし、ここでの業務は何だったのか？　インテリアデザインは手掛けたが業務の半分以上は、まちづくり？　ボランティア？　プログラム提

［四］――「荻窪の多世代型集合住宅　荻窪家族プロジェクト」オープニングの様子

案？ あるいは相談に乗っていただけなのか？ ありとあらゆることをやったはずなのですが、僕らもその時点ではあんまりうまく説明できませんでした。説明できないので見積もりがつくれず、フィーはクラウドファンディングで集めました（笑）。

そのような設計以外の仕事をいくつかこなしていくなかで、こうした社会構築も建築家の仕事だということをマニフェストしていきたいという思いが高まっていって、ウェブサイトをつくる際に「Lab」という窓口を設けたんです。

「なぜつくるのか」から始める

——「Lab」の具体的なプロジェクトについて紹介していただけますか？

山道　最近ですと、社会福祉法人と一緒に、世のなかにどういった施設がなぜ必要なのかを伝えるプロジェクトも行いました。いろいろなマクロデータを分析して、そもそもどこの地域につくるべきか、誰に向けてやるかなどを分析してまとめるというものです。この社会福祉法人との仕事では、われわれの資料を用いて土地を探し、規模の大きな福祉施設の設計を受注することができました。

ほかにも、現在動いているものは、新しいかたちの駅前開発だったり、タンナー（革会社）と建材を研究・開発したり、地方都市でデベロッパーと宅地開発をするときにまち並みやタイポロジーとセットで考える建売住宅のデザインを手掛けたりしてます。ソフト寄りのプロジェクトとしては、某放送局の今後のあり方や施設計画のシナリオライティングをしアニメーション動画で制作したり、施設計画を考えるために参考事例を見学する建築ツアーを実施したこともあります。

——「Lab」にはプロジェクトを生み出す入口としての役割があるというわけですね。

山道　そうなんです。建築家にとって「Lab」をもつ一番のメリットは、待っているだけだと広がらない世界を自分たちで開拓できるということなんです。これは仕事をつくるという意味だけでなく、先ほどの話で言えば、「革」という素材特性についてとても詳しくなってほかのプロジェクトに応用したり、普段見れないような最先端の放送設備を間近に見れたことが本当にすぐ役立ちました。

ただ、もちろん研究でお終いではなく、多くのラボプロジェクトが実際の空間や建物の設計につながっていったり、使い方にフィードバックされたりしていきます。

それは僕らが「Lab」という窓口を設けた時点で「クライアントのまだ声にならない、いろんな悩みに対して聴く耳をもっている」カウンセラーとしての建築家になったということでもあります。たとえば「住宅と商業施設が得意です」という態度でいると、事業がある程度固まってからでないと依頼されませんが、僕らはその前の段階から参加できるので、プロジェクトに対する提言のバリエーションをすごく多くもてるようになりました。

千葉　「Design」が個々のプロジェクトを深めていく縦方向の思考だとすると、「Lab」は個々のプロジェクトを横断的につなげて考える横方向の思考ともいえます。「Lab」があることの意味は、なぜつくるのか、何をつくるのか、から考えるということの表明でもあって、そのような問いはすべてのプロジェクトで共通して考えられることです。

日本では近代化のなかで、図書館とはこういうものである、集合住宅とはこういうものである、といった具合に一通り建物のあり方が制度化されました。こうした制度は合理性を高めるため、使う人や用途を細分化するようにつくられています。

しかし、成熟期に入ったといわれる日本では、こうした細分化によって起こるさまざまな課題が顕在化していて、それを乗り越えるためには制度の枠を超えて包括的に考えていく必要があります。たとえば先ほどの「荻窪家族プロジェクト」でいえば、核家族という暮らしの単位を止めて、相互に助け合う多世代居住の暮らしを考えるというようなことです。

こうした状況で建築家は、なぜつくるのか、何をつくるのかを一緒に考えて、新しいビルディングタイプを生み出す必要があります。そうしたことを考えるための窓口として「Lab」があり、そしてここでの思考がまた別の福祉施設のプロジェクトへと展開していくというように横断的に発展していきます。

═客観的な意見を取り入れて仕事を確実にキャッチ═

――メンバーのなかで石榑[4]さんの立ち位置が独特のように思えるのですが、どのような関わり方なのでしょうか？

西川　彼は研究者で教育者でもあるので、都市史の文脈などより広い視点で客観的な意見をくれます。石榑のような、設計者とは異なった視点をもつ人が社内にいて議論しながら運営できていることは、「Lab」をより強力にしてくれています。具体的にはアカデミックな活動や、企画提案や書籍を一緒につくることが多いです。

山道　予てから私や千葉が在籍した大学院の研究室のように学生や先生が一緒くたになって、設計と研究をバリバリこなす方法に可能性を感じていました。

ただその限界も感じていて、研究室の学生はプロジェクトの経験を経て個人のスキルが高まったタイミングで卒業していってしまいます。さらに、極端な言い方をすると、卒業論文では地域資源に目を向けていた

4――石榑督和＝都市史学者・建築史家。一九八六年生まれ。二〇一六年ツバメアーキテクツ参画。鉄道ターミナル周辺の都市史をテーマに、闇市、マーケット、民衆駅などの研究に取り組む。著書に『戦後東京と闇市　新宿・池袋・渋谷の形成過程と都市組織』（鹿島出版界、二〇一六年）ほか。

学生が、大きなデベロッパーに就職し、人が変わったようにタブララサ[5]的な巨大プロジェクトを手掛けるということが起きてしまいます。そういったアカデミズムとプラクティスの関係をもう少し滑らかにできないかという問題意識がずっとありました。

ならば、アトリエ事務所のような柔軟さと、ビジネスの外側を積極的に開拓していく大学研究室の機能をハイブリッドした組織がつくれれば、それは社会にとって新しい建築家の姿として存在意義があるのではないかと。

――レム・コールハース[6]が設計事務所であるOMAと研究機関であるAMOの両方を運営しているのと同じイメージでよろしいですか？

山道　そうですね。私自身が建築を習い始めてすぐ一〇代の頃、レム・コールハースのレクチャーを実際に聞く機会がありました。そこでOMAとAMOの話を聞き、施主の依頼やコンペの要項をある意味、無視してより良いものを逆提案していき実際にプロジェクトを推し進めていくプロセスを見せられて衝撃を受けました。またOMAのドキュメンタ

5――タブララサ＝英国の哲学者・政治思想家ロック（John Locke:1632-1704）の認識論での用語。文字の書いてない書板の意で、人間の心は生まれたとき全白紙の状態であり、経験からの印象により知識が成立すると主張した際に用いた言葉。

6――レム・コールハース(Rem Koolhaas)＝オランダの建築家、都市計画家。一九四四年生まれ。一九七四年OMAを設立、現在ロッテルダム含め世界に七つのオフィスをもつ(二〇一八年一二月現在)。一九九六年にはOMAの研究機関であるAMO設立。リサーチを伴う設計手法・建築論を特徴とする。著作者としても強い影響力をもち"Delirious New York: A Retroactive Manifesto for Manhattan"(Rem Koolhaas,1978)"S,M,L,XL"(Rem Koolhaas, Bruce Mau,Monacelli,1995)などが有名。二〇〇〇年プリツカー建築賞受賞。

リーで、AMOを立ち上げたあと、事務所の構成メンバーは一緒なのに仕事が倍になったという話があったと記憶しています。

さらに私が南米で働いたELEMENTALも同様です。ボスが五人いて、シンクタンクと設計事務所がハイブリッドしたような組織だったのですが、本当にゼミのように開かれた雰囲気で議論をして、どんどん社会的なプロジェクトを立ち上げていく熱気がありました。

したがって弊社のラボも、ビジネスの窓口としての役割だけでなく、むしろビジネスの外側を積極的に開拓していくような研究、あるいは提言をしてしまうような活動に注力しています。

かつては建築の雑誌などが提言や提案をするプラットフォームとして機能していたと思いますが、今や数も減り、かえってあまりにも狭き門となり、権威的になってきている気がします。それはそれで、生き残ったメディアは生きたアーカイブとしての価値を帯びてくると思うのですが、建築家にとってまだ言葉にはできないような実験をしたり、一見無駄だと思うことをアウトプットするにあまりふさわしい場所ではなくなっているのも事実です。したがって、自分たちの組織のなかに、そういった設計業務以外の余白を設け、どんどんと発信していくことに可能性を感じています。

事務所の規模と体制

――現在の事務所の規模と、どのような体制で仕事を進めているかを教えてください。

山道　僕らの事務所は一〇人前後で運営しています（二〇一九年二月現在）。立ち上げメンバーの僕、千葉、西川の三人がボスで、石榑がブレーン、そしてあとから入ったアソシエイツという構成ですが、議論するときはフラットな関係で、最近、経験豊富な技術顧問も一人入りました。

――個々のプロジェクトはどのように進めていますか？

山道　事務所内では週一回程度プロジェクトレビューを行い、ゼミのようにとにかく全員で議論して知恵を集めて構築していきます。一つのプロジェクトに多様な想定や価値観を重ねていきます。実務的に手を動かしたり、クライアント相手に登場するのは基本は二人一組で、フロントマンとバックアップという組み合わせが多いです。

——フロントマンとバックアップの役割とはどのようなことでしょうか?

山道　ボケとツッコミともいえます。面白いものをどんどん考えて描き進める役と、プロジェクトマネージャー的に手綱を引く役割。あとは、同じくらいの実力の人を組み合わせて高め合うダブルボケのような組み方も試していきたいです。一方、「Lab」のように知恵やアイデアを必要として、いろんなリサーチを同時並行でやるものは数名でプロジェクトチームをつくることもあり臨機応変に対応しています。

＝人々・資源・時間・領域＝

——「ソーシャルテクトニクス（社会的構法の建築）」という概念を提唱されていらっしゃいますが、どのようなものか教えていただけますでしょうか。

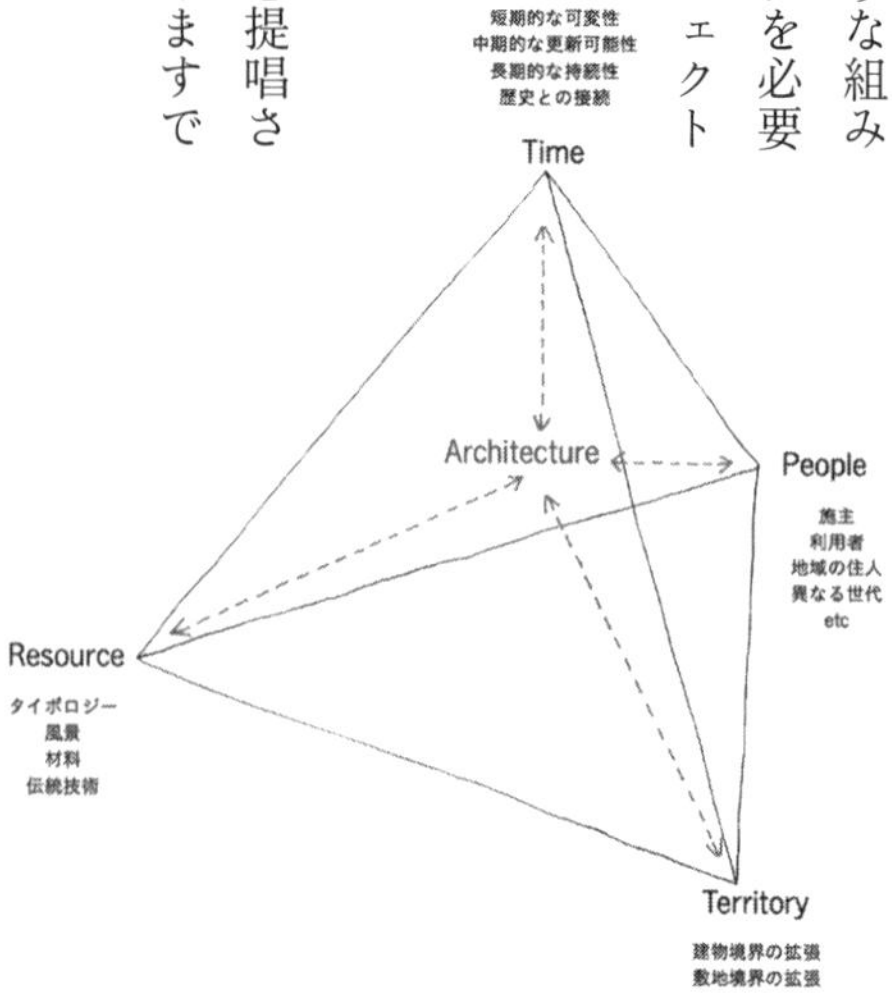

山道　私たちは建築を中心に〝領域（territory）〟〝時間（time）〟〝人々（people）〟〝資源（resource）〟という四要素の新しいバランスをつくり出していこうと考えたんです。

ちょうど、三角錐のようなダイヤグラムで示せます［五］。たとえば、一つの家族が暮らす一つの住宅というのは現在では常識的で安定したバランスだと思われています。しかし、実際には核家族というライフスタイルで暮らしている住戸というのは日本ではすでに五〇%以下となっているのに、相変わらず核家族向けの宅地開発は続いています。そんなときに、仮に一〇〇人が使う住宅をデザインできるかと思考実験してみると、この三角錐のpeopleの部分が大きく引っ張られたようなバランスになる。そうすると、それに引っ張られてほかのパラメーターも影響を受け始めて、新しいバランスを模索するようになる。こんなイメージでこれからの社会に必要なバランスを編み込んでいくのが、ソーシャルテクトニクスです。

もう少し、説明しましょう。〝時間〟に関しては、短い尺で言えば、朝と夜で空間の使い方や様相が変わるように設計をしたり、長い尺で言え

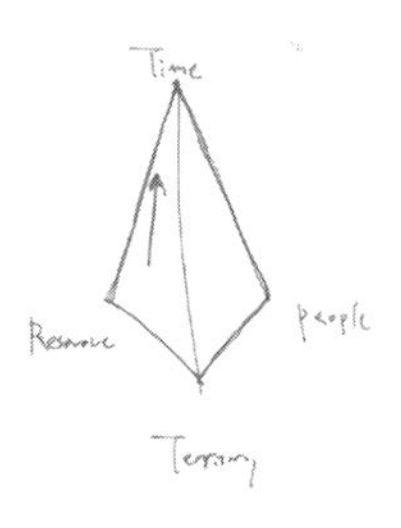

8人でシェアするキッチン

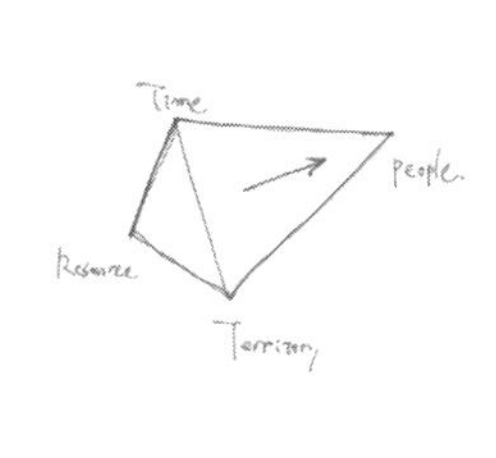

100人が使う住宅

Time
People
Resource
Territory

敷地をはみ出る保育園
通り抜けする特別養護老人ホーム

［五］──「ソーシャル・テクトニクス」を表現するダイアグラム

ば歴史的に系譜を辿ってビルディングタイプの紀元に迫るように設計に落とし込んだりします。〝領域〟に関しては積極的に敷地の範囲を超えて提案します。〝人々〟に関しては、オーナーやクライアントのためだけでなく近所の高校生も入ってくるように仕掛けをつくったり、〝資源〟で言うとその材料をそもそもどこからもってくるかという視点で建築的な概念を拡張したり。このように私たちなりにクライアントの要望や法規などの手前までさかのぼって、都市をリバースエンジニアするように四要素の関係を編み直すところから考える方法を「ソーシャルテクトニクス（社会的構法の建築）」と呼んでいます。

千葉　先日ある建築家から、建築はそもそもすべてソーシャルテクトニクスじゃないかと言われました。私もその通りだと思います。先に挙げた四要素は建築をつくる際に当然、考えなくてはならないことですので。しかし、現状その関係が膠着状態に陥ってしまっているのが問題で、それを編み直す必要があると考えています。膠着状態を生み出しているのは近代の論理です。たとえば〝領域〟の話で言うと、所有によって使える敷地が制限されている。だけど本当は隣地とつなげて一体で使えたほうが、お互いにとって良くなるのになかなかそういうことができない。あるいは〝資源〟で言えば、すぐそこに豊かな森があるのにも関わらず、輸入した木材のほうが安い。近くの木材を使えれば、森も綺麗になるし、地域の仕事と自然との連関も生み出せるはずなのに短期的な経済合理性を考えるとそれが難しい。こうした膠着状態を乗り越えて新しいバランスを見出せれば、より豊かな社会をつくれるような建築を生み出すことができるのではないかと考えています。そして、事実こうしたことに意識的に取り組む事業者がかなり増えてきていますから、今が現代建築の転回期なのではないかと感じています。

西川　「ソーシャルテクトニクス」をわかりやすく伝える表現として、アイソメ図を選択しています。アイソメ自体は、図にするのに手間が掛かる分、伝えたい情報だけを入れることができるので、強く印象に残るし相手に伝わりやすいと考え、初期から採用している図法です。描き続けるなかで、ソーシャルテクトニクスで扱う〝時間〟〝領域〟といった内容を表現しやすいこともわかってきました。アウトプットとしてだけではなく、縮尺があるため図面の代わりとして活用ができる一方で、絵としても楽しめるため、専門家からこどもたちまで会話可能な打ち合わせツールでもあるといえます。

山道　具体的に一つプロジェクトを紹介すると「ツルガソネ保育所・特養通り抜けプロジェクト」[六・七]は、建築設計の仕事でありながら、かなり「Lab」的な態度で取り組んだ仕事でした。

特別養護老人ホームで働く人の子どもを預かる保育所の仕事として始まったのが、デザインが進行していくうちに既存の特別養護老人ホームの補修についても相談に乗るようになって、保育所と特養を通り抜けられるように道をデザインしたり、特養のエントランス側にバスケットコートをつくって、近くの高校の生徒をなかに引っ張ってきたり、フェンスと植栽に穴を開けて老人が見えるようにしたり、隣の畑を借りてそこへの小道をつくったりしました。

また、ボロボロになった特養の部屋を直したり、事務棟の裏側の窓を大きくして縁側をつくり単なる駐車場の裏だったところでワークショップができるようにしました。

ここで私たちが行った内容で、〝人々〟〝資源〟〝時間〟〝領域〟の四

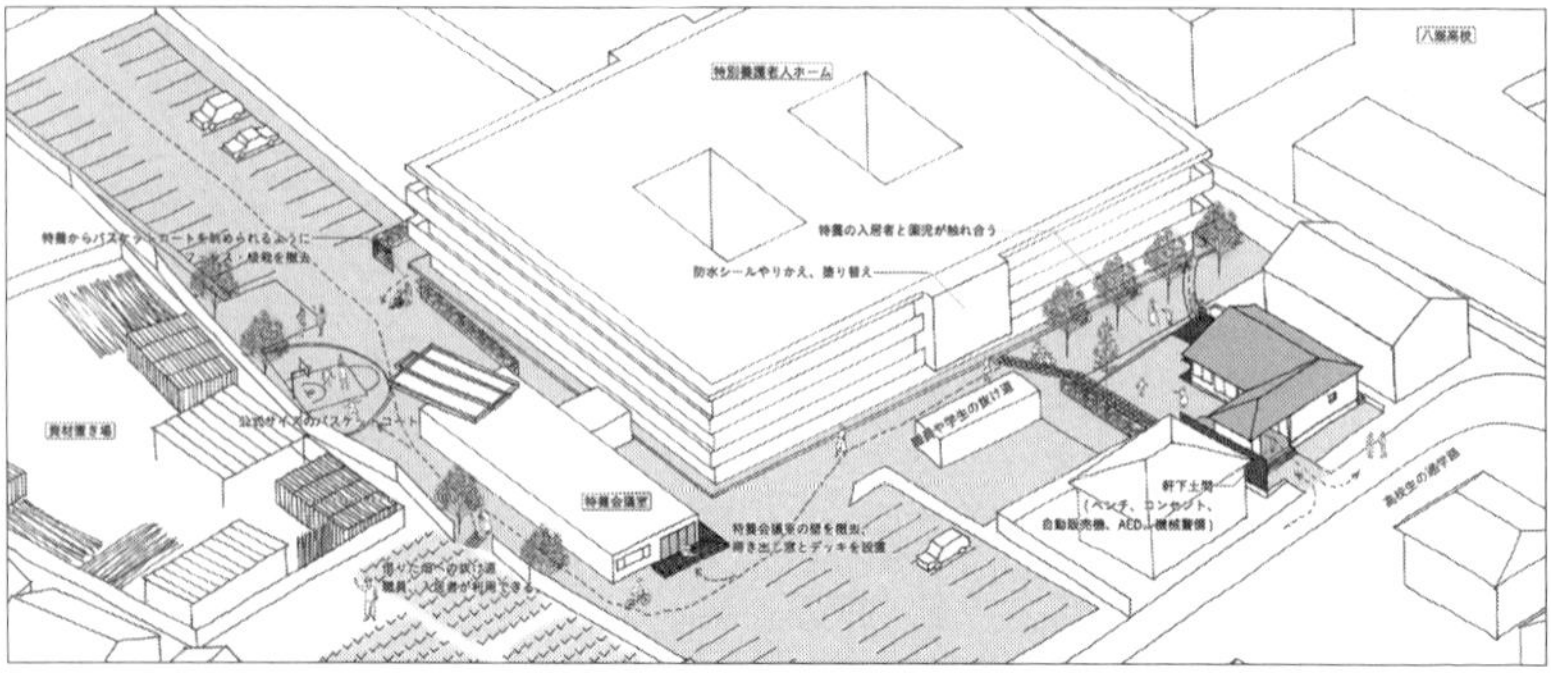

要素をアイソメ図に落とし込むと、場所を通り抜けるだけでいろいろな活動の連鎖が起きているのがよくわかるんです。もはや全体のランドスケープをつくり変えているような感じになって。これも「Lab」的な位置づけができる仕事だと思います。

＝「Lab」で生まれてくる発想を建築にフィードバックする＝

——今後の展望は？

山道　規模の大きな建築がスタートしてます。建築やまちの知性を保ったまま再開発ができないかなどを考えています。あとは〝若手〟を脱して、アウトプットのクオリティを上げ、アトリエと組織事務所の中間くらいの設計事務所を目指したい。

——それはなぜでしょうか？

山道　複数の変数、主体を扱う公共的な建築をつくりたいからです。た

［六］——「ツルガソネ保育所・特養通り抜けプロジェクト」（設計＝ツバメアーキテクツ、二〇一七年）。アクソメ図（右）と敷地の様子（左）

とえばデベロッパーと仕事をしていると、せっかく大きなボリュームが立ち上がる再開発でもデベロッパー側の担当者次第です。担当者が「私ハウジング出身なので」という頭で取り組めば、本当にただのマンションになってしまうということが多い。

そこに切り込んでいって、複数の主体や用途が織り混ざってくるようなビルディングタイプを都市につくれれば、さまざまな問題が一気に解決する気がしています。たとえば高齢者の孤独死の問題と、保育園の問題と、シングルペアレントの問題なんかは、プログラムを組み合わせれば、解決できると思いませんか？ そういったある程度のボリュームを伴う建築を考えるために、体制を磨いていく必要があります。

西川　私は自分たちのポートフォリオとなるようなプロジェクトを手掛けたいと思っていまして。スタッフも増えてきましたし、時間を掛けられるプロジェクトも増えてきました。総力を掛けてつくりあげるようなものが一つあると、今までやってきたことも伝わりやすくなり、説得力も出てくると思っています。どうすれば、複数で設計することの密度、強度をより出せるようになるのか、プロジェクトの進め方の設計にも興

[七]——「ツルガソネ保育所・特養通り抜けプロジェクト」保育所内部

味があり、今後いろいろ実験していきたいと考えています。

千葉　建築家はプロジェクトをつくると同時に、そこで考えたことを言語化していく必要があります。先ほどのソーシャルテクトニクスという言葉は、二〇一七年に展覧会をやった際に、今までの仕事を振り返って整理したときに浮かんだ言葉です。内容自体はまだまだ整理して改善していく必要がありますが、いったんそうした言葉をつくると、次のプロジェクトを考えるときの指針となる。そして、またプロジェクトで考えたことを言葉に反映する。このサイクルを止めないようにして、常に建築の考え方を更新していけるようにしたいです。

――三人の話をまとめると、ソーシャルテクトニクスを体現した代表作をつくり、それを言葉にしたいと。

千葉　そうですね。いま述べてきたことを体現した代表作をつくって、そこで発見・言語化できたものを、次なる建築にフィードバックすることを今後は頑張ろうと思っています。

interview 2

ハード(建築)と
ソフト(仕掛け)を融合させた
“場所づくり”を実践

古澤大輔・籾山真人
[リライト]

C + D + W + U + S + K

ハード(建築)とソフト(仕掛け)を融合させた場所づくりを実践するため、リライト_D(建築設計)とリライト_C(コミュニティデザイン)を中心に、編集や、グラフィックデザインなど異なる6つの専門組織をグループ内に擁するリライト。領域を横断することで実現する建築やまちづくりとは何か、リライト立ち上げに関わった古澤、籾山両氏に聞いた。

Organization Data

構成=リライト_C(コミュニティデザイン事業部)、リライト_D(建築・不動産事業部)、リライト_W(コンテンツ事業部)、リライト_U(都市空間プロデュース事業部)、リライト_S(シェアードサービス事業部)、リライト_K(カフェ事業部)の6つの事業部をもつグループ企業。

メンバー=グループ全体で計24名。リライト_D(建築・不動産事業部)は計6名、すべて正社員。パートナー2名、ゼネラルマネージャー1名、マネージャー1名、シニアアソシエイツ2名。随時アルバイトも雇用。(2019年2月現在)

古澤大輔

一九七六年東京都生まれ。二〇〇〇年東京都立大学工学部建築学科卒業、二〇〇二年同大学大学院修了。同年メジロスタジオ一級建築士事務所設立、馬場兼伸、黒川泰孝と共同主宰。二〇一〇年（株）リライト参画、二〇一一年建築・不動産部門分社化。二〇一三年より日本大学理工学部建築学科助教（古澤研究室主宰）。同年メジロスタジオをリライトDに組織改編、現在リライトD代表。

籾山真人

一九七六年東京都生まれ。二〇〇〇年東京工業大学社会工学科卒業、二〇〇二年同大学大学院修了。二〇〇二年アクセンチュア（株）入社。経営コンサルティング業務に従事。マネージャーとしてクライアント企業の新規事業立ち上げ、マーケティング戦略の立案などに携わる。二〇〇八年に（株）リライトを設立。二〇〇九年にアクセンチュア（株）を退職。現在リライトC代表。

活動形態の変化と作風の変化

――リライトを立ち上げるまでの経緯を教えていただければと思います。

古澤　まず二〇〇二年に大学院の修士課程を修了したのちに、僕がメジロスタジオという設計事務所を立ち上げました。一方、籾山が二〇〇八年にリライトを創業しました。そして、二〇〇九年頃から二人が課外活動をともにして、二〇一三年にメジロスタジオとリライトを正式に統合したという流れです。

職能としては僕が建築家で、籾山はコンサルタントということになるのですが、現在リライトは、場所を構成する要素である「ハード」と「ソフト」、つまり「建築」と「仕掛け」を融合させた場所づくりをビジョンに掲げ活動しています。また、専門分野ごとに分社化していて、各ディヴィジョンにアルファベットの表記を付して区別しています。たとえばC（コミュニティデザイン事業部）、D（建築・不動産事業部）、W（コンテンツ事業部）といった具合です。ハードを受けもつ建築部門であるDを僕が担当する一方で、籾山はおもにCを担当しながら、ソフトを受けも

つほかの部門のマネジメントも行っています。

メジロスタジオの立ち上げ当時は個人クライアント向けの住宅や、郊外の不動産業者に対する集合住宅などを中心に建築をつくってきましたが、事務所の体制が大きく変わるきっかけとなったのが、廃校をコンバージョンした「アーツ千代田3331」（以下「3331」）［一］というプロジェクトを経験したことでした。実際に行ってみるとわかりますが、そこでは常に多様な活動が展開されている、じつに新しいビルディングタイプだと思うんです。

この施設の運営は、アーティストの中村政人[1]さんとコンサルタントの清水義次[2]さんの二人が中心になって行なっています。それが僕には理想形に見えました。アーティストという作家とコンサルタント、二つの職能がチームを組めば、「ハード」と「ソフト」が融合した活き活きとした空間が創出できるのかなと。このときの経験が、今やっている活動の原型になっていると感じます。

籾山　補足すると、「3331」とほぼ同時期に「立川プロジェクト」に取り組み始めたことも、きっかけの一つだったと思います。

［一］——「アーツ千代田3331」（設計＝佐藤慎也＋メジロスタジオ、二〇一一年）

1——中村政人＝現代美術家、「アーツ千代田3331」統括ディレクター、東京藝術大学美術学部絵画科教授。一九六三年生まれ。一九九七年よりアーティスト・イニシアティブ・コマンドN主宰（二〇一〇年に（一社）非営利芸術活動団体コマンドNに改組）。二〇〇一年ベニスビエンナーレ日本代表。以降はアートと教育の関係を問い掛け、地域に自らの活動の場所を生み出す活動を重ねる。「アーツ千代田3331」立ち上げにて二〇一〇年度芸術選奨文部科学大臣新人賞（芸術振興部門）受賞。

2——清水義次＝都市再生プロデューサー、「アーツ千代田3331」代表、（株）アフタヌーンソサエティ代表取締役、（一社）公民連携事業機構代表。一九四九年生まれ。コンサルタント会社を経て一九九二年（株）アフタヌーンソサエティ設立。建築のプロデュース、プロジェクトマネジメント、都市・地域再生プロデュース、家守（やもり）事業プロデュースを手掛ける。

じつは、僕と古澤は中学、高校の同級生で、ともに立川出身。ちなみに、僕は建築学科ではなく、社会工学科（東京工業大学）出身で、建築ではなく、まちやその形成過程に興味がありました。学生時代からまちづくり分野での起業を志していて、リーマンショックを機にこれが最後のチャンスと考え、二〇〇八年八月に会社を設立、翌一月に勤め先を退職しました。起業したばかりで仕事はありませんでしたが、なければ自らつくろうと周囲を巻き込んでいったんです。

立川プロジェクトに関わったのは、古澤大輔（建築家／のちにリライトD）、門脇耕三[3]（研究者）、酒井博基（デザイナー／のちにリライトC、現在は退任）、井上健太郎（フリー編集者／のちにリライトW）など多様なバックグラウンドをもったメンバーでした。それぞれ仕事をもっていましたが、みな「面白そうだから」と課外活動的に参加してくれて。このとき構想したのが、シャッター商店街の空き物件を活用した「コミュニティ活動の拠点づくり」［二］と、コミュニティFMを活用した「メディア運営」［三］の二つを連携させた取り組みです。

立川は再開発がうまくいったこともあって「伸びているまち」と言われますが、駅から少し離れると人の流れも賑わいもなくなります。一方、

［二］——「立川プロジェクト」でシャッター商店街の空き物件を活用した拠点

3——門脇耕三＝建築家、建築学者（建築構法、構法計画、設計方法論専門）。一九七七年生まれ。二〇一二年アソシエイツ（株）設立。著書・共著書に『シェアをデザインする』（学芸出版社、二〇一三年）、『静かなる革命へのブループリント』（河出書房新社、二〇一四年）、『PLANETS vol.9 東京2020オルタナティブ・オリンピック・プロジェクト』（PLANETS、二〇一五年）『「シェア」の思想／または愛と制度と空間の関係』（LIXIL出版、二〇一五年）などがある。

駅の北側にはかつて米軍基地があって、その門前にあった飲み屋街に、面白いまち並みが残っていたんです。そこで僕らは、自ら空き店舗を借り上げ、シェアハウスやシェアオフィスといった拠点開発を行い、二〇一〇年の四月から運営を開始しました。

また、拠点開発に先行してメディア運営も行っていて、二〇〇九年一〇月にはラジオ番組（毎週金曜日一七—一八時）をスタート。周辺エリア内外でユニークな取り組みを行っている人たちをゲストとして招き、活動を紹介してもらいました。さらに、公開スタジオから生放送で行うことで、番組の放送自体をイベント化し、放送後にはゲストを交えた交流会を行うことで、地域活動に関心をもった地元コミュニティが自然と生まれる場を意図的につくりました。まちづくり活動を始めたばかりの若者が、地域のキーマンと接点をもつきっかけをつくる、われながらよくできた仕組みだったと思います（笑）。

古澤　先ほど言った「3331」の設計を始めたのが二〇〇九年。竣工が二〇一〇年で、誌面発表したのは二〇一一年ということで、立川のプロジェクトともちょうど並走していたんです。「3331」は、地域やコ

［三］——「立川プロジェクト」ではコミュニティFMの番組で地元でユニークな活動を行っている人をゲストで招き公開スタジオから生放送を行った

ミュニティの問題に取り組むにあたって、建築家の職能の限界みたいなものを感じたプロジェクトだったので、籾山たちと一緒に地域活動を展開する動機づけにもなりました。

籾山　この時点では課外活動に関わる動機は互いにバラバラでしたが、異なる専門性をもったメンバーが集まることへの可能性は、みんなが感じていたような気がします。

古澤　遊び感覚が半分の、純粋に楽しんで取り組んだ活動でしたね。

——建築家という職能の限界とは、具体的にどのようなことでしょうか。

古澤　限界というよりは、「住み分け」と言ったほうがいいかもしれません。たとえば中村政人さんはアーティストという作家としての職能を確立されているからこそ、「3331」がアート文脈のなかで強度を保つことができる。一方で、コンサルを担当する清水義次さんがいるからこそ、施設運営に健全さが保たれる。役割分担を明確にしてチームを組み、同じ場をつくろうとしている状況を目の当たりにして、すごく羨ましく思えたんですよね。

そんな「３３３１」が日本建築学会作品選奨という賞をいただくにあたって、「コミュニティが創出され、ソフトとハードが一体化されている、建築としては稀有な例」だと評価を受けました。それでも、おもに設計・監理を担当したわれわれのなかには、果たして受賞に十分に値するのかという自問や違和感のようなものがあったのは確かです。そして、自分たちの手でつくった新たな空間や公共的な場で試してみよう、という気持ちが生まれました。

籾山　古澤はおそらく、建築家が企画や運営の段階に対して十分に関与できていないという状況に何となく違和感を覚えて、これまでとは違ったアプローチにチャレンジしたくなったんだと思います。

古澤　そうですね。与件次第で、新しい建築が確実に生まれ得ると思うので。ならば、その与件づくりに建築家が関われれば、新しい建築が生まれるんじゃないかと。

籾山　立川での課外活動は約五年間の期間限定でしたが、この取り組みを通じて得たエリア内外のネットワークは、現在のリライトの活動には欠かせないものになっています。後述する「あおぞらガーデン」（ルミネ立川）、「中央線高架下プロジェクト」（JR中央ラインモール）などもそうですが、課外活動ではない案件が二〇一二年ぐらいから徐々に増えていきました。

古澤　また僕は、二〇一三年から日本大学理工学部の建築学科で研究室をもつようになりました。

籾山　こうしたいくつかの変化が重なって、今の組織体制ができあがったわけです。

――組織の変遷を再度整理して教えていただけますか。

籾山　メジロスタジオが設立されたのは二〇〇二年九月です。その後、「立川プロジェクト」に取り組むことになった二〇一〇年四月から古澤がリライトに取締役として参画し、メジロスタジオとの並走が始まりました。二〇一三年九月にメジロスタジオと統合して、現在に至ります。

——「立川プロジェクト」にも関わったデザイナーの酒井さん、編集者の井上さんものちにリライトに合流しますよね。

籾山　当時、酒井はセントラルラインというデザイン事務所を経営、井上はフリーランスの編集者でした。まずは、二〇一一年五月にセントラルラインとリライトを統合したことを機に、企画部門（リライトC）と、建築・不動産部門（リライトD）の二社体制にし、現在のリライトの原形ができました。

また、立川プロジェクトをきっかけにエリアマガジンなどコンテンツ制作の依頼も増えてきたため、二〇一二年一二月、井上と一緒にリライトWを立ち上げました［四］。僕自身、学生時代「雑誌メディアから見た広域集客型エリア」が研究のテーマだったこともあって、まちとメディアの関係性に興味があった。ですから、組織に編集者を巻き込むのは必然だったのかもしれません。

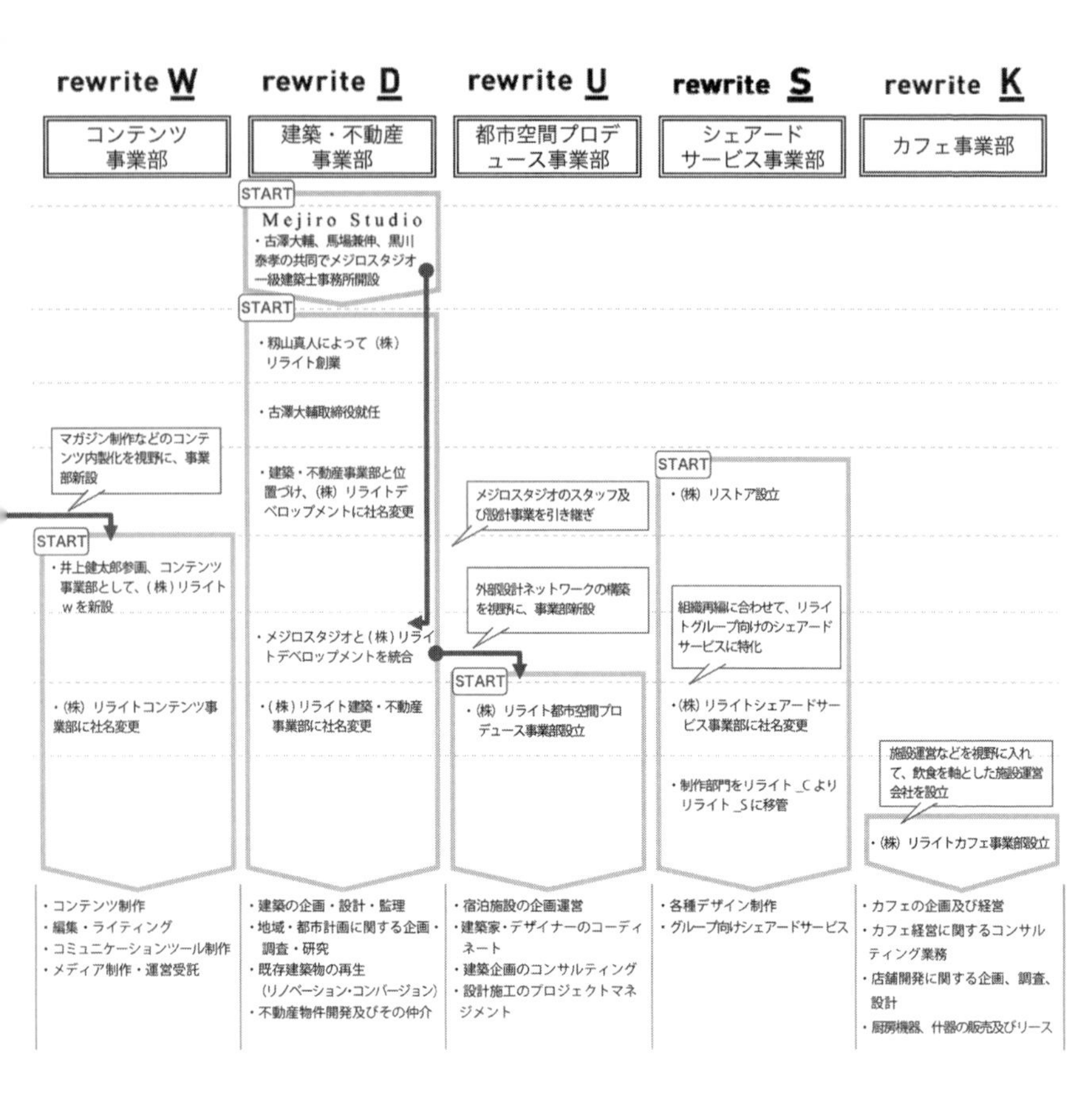

rewrite W
rewrite D
rewrite U
rewrite S
rewrite K
コンテンツ事業部
建築・不動産事業部
都市空間プロデュース事業部
シェアードサービス事業部
カフェ事業部
START
Mejiro Studio
・古澤大輔、馬場兼伸、黒川泰孝の共同でメジロスタジオ一級建築士事務所開設
START
・籾山真人によって（株）リライト創業
・古澤大輔取締役就任
・建築・不動産事業部と位置づけ、（株）リライトデベロップメントに社名変更
・メジロスタジオと（株）リライトデベロップメントを統合
・（株）リライト建築・不動産事業部に社名変更
マガジン制作などのコンテンツ内製化を視野に、事業部新設
START
・井上健太郎参画、コンテンツ事業部として、（株）リライトwを新設
・（株）リライトコンテンツ事業部に社名変更
メジロスタジオのスタッフ及び設計事業を引き継ぎ
外部設計ネットワークの構築を視野に、事業部新設
START
・（株）リライト都市空間プロデュース事業部設立
START
・（株）リストア設立
組織再編に合わせて、リライトグループ向けのシェアードサービスに特化
・（株）リライトシェアードサービス事業部に社名変更
・制作部門をリライト_Cよりリライト_Sに移管
施設運営などを視野に入れて、飲食を軸とした施設運営会社を設立
・（株）リライトカフェ事業部設立
・コンテンツ制作
・編集・ライティング
・コミュニケーションツール制作
・メディア制作・運営受託
・建築の企画・設計・監理
・地域・都市計画に関する企画・調査・研究
・既存建築物の再生（リノベーション・コンバージョン）
・不動産物件開発及びその仲介
・宿泊施設の企画運営
・建築家・デザイナーのコーディネート
・建築企画のコンサルティング
・設計施工のプロジェクトマネジメント
・各種デザイン制作
・グループ向けシェアードサービス
・カフェの企画及び経営
・カフェ経営に関するコンサルティング業務
・店舗開発に関する企画、調査、設計
・厨房機器、什器の販売及びリース

［四］—— リライト組織変遷

古澤　立川での取り組みは課外活動として意義を感じたので、その関係が持続したという側面ももちろんあります。

籾山　確かに、最初からクライアントワークを通じた付き合いだったら、一緒に会社をやることはなかったかもしれません。課外活動として始めたからこそ、互いにいい関係をつくれた、というか。ちなみに古澤とは、中学校、高校の同級生ではありますが、じつは当時ほとんど会話をした記憶がないんです。家も近かったし、小学校の学習塾も同じクラスだったらしいのですが（笑）。

古澤　もちろん存在自体は互いに知っていましたけどね。名前とか（笑）。

籾山　しかも、生まれた月も病院も一緒、実家のお墓のある霊園（西多摩霊園）も同じという、気持ち悪いくらい不思議な関係なんです。

＝組織を大きくせずに分野ごとに会社を分ける＝

――メジロスタジオとリライトを統合するのは自然な流れだったのですか。それとも、それなりの覚悟をもってのことでしたか。

古澤　両方ですよね、偶然でもあるし必然でもあったし。メジロスタジオにはほかに馬場、黒川というパートナーがいて、統合にあたって馬場は違う活動をするため独立したので、一大転換となりました。当時メジロスタジオとしてメディアなどでもそれなりに取り上げていただいていたので、これまで培ってきた蓄積みたいなものがキャンセルされてしまうのではないかという不安もありました。ただ、再スタートを切るくらいの覚悟がないと新しいことはできないとも感じていました。

――統合したことによって、何かしらのメリットがありましたか。

古澤　たとえばですけど、事業スキームといったコンサル的側面からのアプローチを内包させれば、建物全体のボリューム構成におおいに関係する容積率や建蔽率といった設計与件、それ自体の設定に対して自分たちが関与する機会を得られますから、それは大きな違いです。また、クライアント像も変わったとも言えるし、地域コミュニティの醸成にコミットできる公共的な場をつくるチャンスが増えた、というのは狙い通りでした。

――その後、すべての設計事例について与件にタッチしているのでしょうか。

古澤　すべてではありませんし、逆にすべてにタッチするべきだとは思っていません。与件に関わることが目的ではなく、あくまでも発見的な新しい建築をつくることを第一に考えているので。従来型のクライアントワークであっても、そこから新たな方法論が芽生えるのであれば、それは否定されるべきものではありません。

――部門別にチームを分けている事務所はほかにもありますが、どうして会社自体を別にしているのでしょうか。

籾山　僕らはできるだけ小さな組織を保ちつつ専門性を高めた、新しいクリエイティブな組織のあり方を模索しています。組織が大きくなると、組織を維持するためだけの総務的な仕事も増えますし、チームの生産性も低下します。一般的に、知識集約型産業において、一人当たりの生産性が高いもっとも効率的な組織規模は七人と言われています。なので、職能ごとに一チームを最大七人として、それぞれのチームをマネジメントするメンバーが仮に七人（＝七つの専門チーム）いたとすれば、組織の最大規模は五〇人ぐらいでしょうか。

一人当たりの付加価値を下げずに、組織のパフォーマンスをいかに最大化するかが、経営コンサルタント時代からの僕自身の関心事でもあります。こうした考えから分社化しているので、事業部間で何か業務を依頼する場合は、必ず事前の見積もりか事後の工数による清算を行っています。一つのチームによる運営では、よく「このロゴ、ついでにデザインしてもらってもいい？」といったことがあると思いますが、いくら小さいことでもどんぶり勘定にはしていません。

――独立採算制なんですね。

籾山　はい、完全に独立採算です。ただ最近、事業部（法人）が増えることで、外から見るとわかりにくくなってしまっている、という側面はあるかもしれませんが……。

古澤　ミッションを達成するために、手段としてのディヴィジョンが増えていったのですが、この状況を対外的に見せることはあまり意味がありません。建築という空間を生み出すものと、それを健全な状態として社会に接続させる仕掛け、この両輪が重要なんです。

――事業部間の連携について、もう少し詳しく教えてください。

籾山　簡単に言えば、リライトCが窓口になって案件の企画・コンサルティング業務を行ない、とくに複合的な案件の場合は、さまざまな事業部が連携してプロジェクトを進めていきます。たとえば、エリアマネジメントの初期段階では、企画・コンサルや、住民を巻き込んだワークショップの実施をCが担当、冊子制作が必要になった場合はリライトWが編集を、リライトSがデザインを担当します。

もちろん複合的な案件ばかりではないので、個人がクライアントの集合住宅設計であれば、Dだけで対応するというように、各事業部だけで完結する場合もあります。

ここ数年は、徐々に大規模な案件も増えてきているので、構想の段階からリライトCとDが連携しながら動くケースが増えました。たとえば、二〇一八年春に竣工した「コトニアガーデン新川崎」は、もともとJR東日本の社宅があった約一万五千㎡の敷地に、近隣型商業施設と賃貸住宅、さらに高齢者施設と子育て支援施設を計画する多世代交流まちづくりプロジェクトです。僕らに求められた役割は、パブリックスペースでもある広場の賑わいづくりと、地域コミュニティの巻き込みなどソフト面での仕組みづくり。そして、それらを実現するためのハード面でのデザイン監修でした。
ちなみに、竣工後もコミュニティマネジメントをリライトCが担当し、周辺自治会や自治体等と連携しながら、定期的に広場を活用したさまざまな地域連携施策を行っています。これは、リライトグループならではの強みが発揮できたプロジェクトだと思います。

——リライトという組織は、これからも変化し続けるのでしょうか。

籾山　もちろん常に変化し続けていて、組織改変や統廃合など、日々小さな試行錯誤を重ねています。一方で、組織をつくった当初は異なる専門性をもったメンバーが集まる面白さや希少性はあったかもしれませんが、最近では、そういう組織もさほど珍しくなくなったのではないか、とも感じています。逆に、リライトの特徴は、事業部ごとに分社化している組織形態にあるのかもしれません。
組織として成長すると当然、次第に人も増えていきます。その延長線上にあるのは、きっと限りなく普通の会社でしょう。優れた企業には多かれ少なかれ多様な専門性をもった人が在籍しているはずなのに、組織が肥大化するうち互いの専門性を刺激し合うケースが少なくなってしまう。僕らもそこに無意識でいると、いつの間にか普通の会社を目指すことになってしまうので、早い段階から、最小単位の組織で専門性を高めることを意識しました。

近くにいつつも、互いの専門性をリスペクトし、緊張感を保つことで組織としての強さを保つ。そして組織間にヒエラルキーをつくらず、それらを有機的につないでいくことで、これまでにないクリエイティブな組織がつくれるのではないか。そう考えて、実践しています。

＝自己批判回路を確保するための試み＝

――建築家の仕事は基本的にクライアントワークですが、自社プロジェクトを展開されているのが興味深いところです。

籾山　クライアントワークは当然、依頼主からの要望が前提なので、僕たちがいくら実験的な意図を込めたとしても、彼らが喜んでくれなければ実現にはつながりません。

対して自社プロジェクトは、ものづくりをするうえで、自分たちの仮説検証をどこまで埋め込めるか、そしてその仮説検証がどれだけ建築に対して意味があるものかを確認するプロセスだと考えています。また、社会に対してそれらを提示していくことはもちろん、若手の育成や社内のリテラシー向上にもつながる。ですから、いくつか仕掛けている自社プロジェクトは、基本的に若手に任せて、クライアントワークではできないことを学んでもらいたいと思っています。

——素晴らしいですね。リテラシーの向上とはどういったことでしょう。

籾山　クライアントとだけやり取りをしていると、忖度して彼らの要望を叶えてあげることのみがルーティン化してしまいがちです。だからこそ、自分たちが何をつくりたいか、それをつくることによって世のなかに何を問いたいのかを日々考える。そうしないと、くだらないものばかり量産してしまう危険がありますから。

古澤　ルーティン化すると、当然ながら自己批判回路がなくなるんですよね。ものづくりをするうえでの対話の対象はクライアントと自分自身の両者が必要で、その両者の振り幅が大きければ大きいほどいいものができると思っています。

つまり、クライアントワークを最重視するリアリティこそがプロジェクトの優位性だと捉えてしまうと、クライアントからの評価という限られた側面に対してアドレナリンが出てしまい、自分が社会から必要とされているのではないかという錯覚のようなものに陥ってしまう危険性があります。クライアントへの忖度ではなく、自問自答し、自己批判回路を保ちながら作家としての強度を実装しなければならない。それを確認するための〝筋トレ〟のような行為を模索する必要性を感じます。

――でも建築家の仕事は、基本的にクライアントワークですよね。

古澤　今おっしゃった「建築家」という語彙は、一級建築士という職能のことを指していると思います。クライアントワークとは、実社会における建築士としての応答のことですよね。一方で建築家は、実社会とその背後にある抽象的な世界をつなぐ存在でもあります。ここでいう抽象的な世界とは、僕たちを取り巻く環境全般をより良くしていこうとする意志に裏づけられた研究活動を包摂する世界のことで、一言でいえばアカデミーの世界です。

今の大学や学会はいわゆるアカデミズムとして硬直してしまったという批判がありますが、本来的にアカデミックな世界は実社会に批判回路を保つためには必要なもの。しかし、実社会が多様化して要請されるニーズが急速に変化し続ける現代において、建築家が実社会に対して的確にアプローチできていないのではないかと、業界内外から指摘されています。僕が大学に入学したとき、みんなこぞってレム・コールハースを参照したものですが、彼は革新的な建築を発表し続ける一方で、業界内から建築家をもっとも辛辣に批判した一人でした。

僕は、卒業設計をプランテック総合計画事務所の大江匡[4]さんに見てもらったことがあるのですが、大江さんは当時「これからの弁護士や会計士といった職能は、企業コンサルとしての側面が強くなるはずで、建築士も同じだ」という主旨の発言をしていて、実社会に接続できずアカデミーに閉じこもってしまった建築家を「山の上の仙人」と呼んで批判していました。

4――大江匡＝030頁注1参照。

僕はこうした意見に影響を受けたりもしたのですが、考えてみればわれわれ建築家の仕事とは、実社会と抽象的な世界を取り結ぶことではなかったか、と。過度に実社会へ接続することばかりに照準を設定すれば、逆にそれはそれで閉じこもった仙人になってしまうでしょう。ですから、自己批判とは、二つの世界の横断方法を自問自答し続けることにほかならないと考えています。

籾山 そういう意味では、もちろん組織を運営していくうえでもクライアントワークは必要ですが、自社プロジェクトを通じて社会と対話することも大事、というのがわれわれのスタンスです。

古澤 僕は、自社プロジェクトは研究的側面をもった実験であって、その結果が抽象世界であるアカデミー的にどういう強度をもつのか議論しなければいけないと考えています。それがなければ批判されず、ただ称賛されるだけで終わってしまうので。最近不満なのは、与件を取り扱う企画や運営の段階に関与しているというわかりやすいポイントをもっていると、それが素晴らしいと言われるだけで、作品性の議論にならない。

それではただの流行で終わってしまう。リライトに組織改編して二〜三年経って、そういう側面が出てきたのでこれはまずいと思い始めました。
なので、あえてプロジェクトの半分は、従来通りソフトとは関係ない設計単体の仕事にも取り組んでいます。自分たちの仕事が建築としてどういう強度をもつのか、建築家の仲間やアカデミーのなかで議論を継続していくことが重要だと考えているので。

＝民間企業が担うパブリックスペースの可能性＝

——以前、「商業施設を、現代的な意味でのパブリックスペースとすべきではないか」という主旨の発言をされていますよね。改めて説明していただけますか。

籾山　僕自身、学生時代の研究テーマとしても、商業エリアや集客施設としての大規模商業施設に強い関心がありました。一方で、これまでのように公的セクターにパブリックスペースの設置や維持管理を求め続けることが難しい状況のなかで、今後は誰がその役割を担っていくのかという課題意識もあります。
人の集まる場所は、自ずとパブリックスペースとしての側面をもちます。そして、商業施設や駅など人が集まるポテンシャルの高い場所であれば、パブリックスペースの設置に必要な原資を十分生み出すことができるのではないか。そこで僕らは、商業デベロッパーと組み、人が集まる場所（ターミナル）を積極的に狙い、民間企業ならではのパブリックスペースのあり方を考えているわけです。

古澤　通常、私たちは、プライベート（私）とパブリック（公）は相対するもので、その双方をつなぐのがコモン（共）だと捉えています。この思考は所有権の考え方から誘導されているもので、私有地と公有地がはっきり分かれているからです。
塚本由晴[5]さんが言及されていますが、経済学者の多辺田政弘氏が著した『コモンズの経済学』（学陽書房、一九九〇年）によれば、かつて健全なエコロジーのうえに暮らしが成り立っていた時代は、それらの関係は三角形のダイアグラムで記述可能でした。頂点がプライベート、真んなかがパブリックで、それらをコモンが下から支えているというかたちで

5——塚本由晴＝034頁注1参照。

す。ここでいうコモンとは地域資源のことで、物理的な資源だけでなく、相互扶助や物々交換といった貨幣価値に換算されない資源が豊かであった、と。それが近代化の過程で、地域資源がやせ細ってプライベートが肥大化する逆三角形になってしまったというわけです。

ここからは持論ですが、人材も含めた地域的な資源であるコモン（共）を、プライベート（私）なものに還元していくのがパブリック（公）の役割だと考えていて、商業施設であっても、地域資源に接続した商材に触れられるのであれば、それはパブリックスペースの一つ。それは、コモン、すなわち地域に眠っている資源を気づかせてくれるような空間ですね。建築の世界では、コモンというとパブリックとプライベートの間にある中間領域的なものだと捉えられがちですが、コモンは設計するものではなく、発見するもの。それを踏まえて、商業施設が有するパブリック性が語れるのではないかと考えています。

――それを実際に形にする活動をしていきたいということですね。

古澤　はい。たとえば今、産婦人科のクリニックを設計しているのですが、ここではただの民間医療施設を設計するのではなく、地域資源であるコモンを発見できるような公共的な建築ができればと考えています。というのも、産婦人科というところは、人間が生を受けて初めて体験する建築であって、そこは産まれた方にとってのスタンドポイントになりえます。言ってみれば「母校」なんですよ。

自分が卒業した小学校であれば母校としての認識は生涯保たれるわけですが、生まれた病院に対して自分のスタンドポイントとして思い入れをもっている人は極めて少ない。まだ記憶がないから当然なのですが、あえてこの病院という施設を母校に見立てて設計することで地域の拠点になるのではないか、と。

たとえば定期的に「卒業生」が集まる同窓会のような場をつくったり、子育てに関する「教室」を開いたりして、自分が生まれた場所で自分の子どもが出産するといった、親—子—孫に渡る世代の循環が生まれれば、地域資源としての性質を帯びてくる。それができれば、民間のクリニックでも公共的な施設だといえるのではないでしょうか。

——そのほかにも具体的なプロジェクトがあれば教えてください。

籾山　では「中央線高架下プロジェクト」について紹介します。このプロジェクトでは、まさに設計の与件という、企画段階から計画に関われたのが大きなポイントでした。ＪＲ中央線三鷹〜立川駅間の駅商業施設及び高架下開発を行う、ＪＲ中央ラインモール（ＪＲ東日本一〇〇％子会社）から相談を受けたのは二〇一一年末のこと。この段階では、高架化に合わせた沿線価値向上に向けた取り組みとして、エリアの魅力を発信する冊子をつくりたいという内容でした。

そこで僕らは、ただ地域情報を発信する冊子制作だけではなく、戦略的かつ段階的な地域コミュニティの巻き込みと、コミュニティづくりを行っていくことを提案しました。まず、冊子制作と並行してトークイベントなど参加型のイベントを企画し、ゲストに地元のキーパーソンを招く。「あなたが地域のために行っている活動を、ぜひお話してくれませんか」と相談すると、みな快く引き受けてくれました。

第一段階は、冊子を地域に入り込むためのドアノックツールとして位置づけ、キーパーソンにアプローチする。そしてトークイベントを通じて、地域に関心の高い層との接点をつくる、これが第二段階です。そのため、トークイベント開催の翌月に出る冊子には、次回の告知も兼ねて、

［五］――「中央線高架下プロジェクト」で配布された小冊子『ののわ』創刊号。リライトWが編集・デザインを行った

イベントの様子やインタビューを掲載しています。すると後日、ゲスト自身もSNSなどを通じて、自然と周囲に紹介してくれるようになっていきました。この冊子「ののわ」[五]は二五号まで刊行し、地域のキーパーソンとつながるだけでなく、彼らにプロジェクトの応援団になってもらうことができました。

また、トークイベント以外にも、まち歩きのフィールドワークや地域の食育をテーマにしたイベント[六]を開催することで、さらに地域に関心が高い層とつながることができました。そして、こうしたつながりを活かした「地域ライターネットワーク」（サークル活動）を始めたことが、プロジェクトの第三段階。この活動はボランティアが中心となって、ウェブサイト向けの記事の企画・制作を行うもので、地域ライターのみなさんと月に一回、冊子の内容について話し合う企画会議兼交流会を開催。最終的に、登録ライターは一二〇名になり、企画会議には毎回二〇〜三〇人が参加、毎月五〜一〇記事程度がウェブにアップされるサイクルができました。

この頃、イベント会場には地元の公民館や、ちょうど開業したばかりの「武蔵野プレイス」を使っていました。こうした地域コミュニティづ

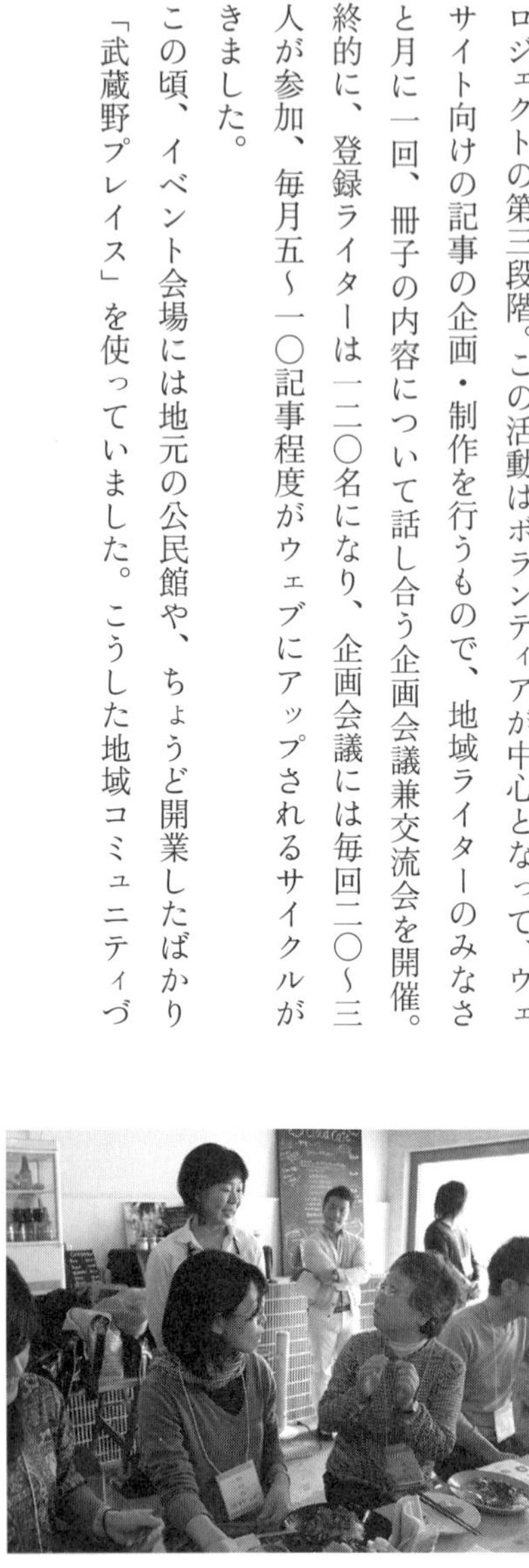

くりを地道に続けていくことで、その可能性を事業主も感じてくれて、「コミュニティステーション東小金井／モビリティステーション東小金井」という施設の検討が始まったという流れです。

――そもそも高架下の利用方法を考えてほしい、という依頼ではなく、アプローチがまったく逆だったんですね。

籾山　そうですね。とはいえ、どう考えてもコミュニティ施設単体では採算が見込みづらい。事業主は民間企業ですから、コミュニティ施設でありながら、どうやって事業性を担保するのかを工夫しました。また、僕らが今までいろいろなデベロッパーさんと関わってきたなかで、ノウハウとして蓄積されつつも、実現できなかったことも多くありました。こうした経験を踏まえて、民間企業が運営するこれからのコミュニティ施設のあり方を提示したかったんです。

――コミュニティづくりについて、ほかの取り組みで印象的なものはありますか？

［六］――「中央線高架下プロジェクト」で行ったまち歩きフィールドワーク（右）と地域の食育をテーマにしたイベント（左）

籾山　立川駅ビル開業三〇周年記念として、二〇一二年にスタートしたルミネ立川店の「あおぞらガーデン」[七]というプロジェクトがあります。駅ビルの屋上芝生広場を活用したマルシェイベントで、地元小規模事業者を巻き込み、ルミネの独自視点でセレクトした地域の魅力発信がコンセプト。タイミング的にも東日本大震災の直後で、クライアントも消費者の価値観の変化を感じつつあるなかで、これまで通りただ消費を喚起するだけでよいのかというジレンマもあったのではないかと思います。

そもそもルミネさんはファッションビルなので、三〇歳前後の若い女性がメインの客層。郊外店なので、本来は若い子育て世代のお母さんも取り込みたいが、お子さんが生まれると自身のファッションがあと回しになってしまい、なかなか取り込めていないという実情がありました。そんななか「あおぞらガーデン」には、若い子育て世代のお母さんが、家族と一緒に来場してくれました。またその多くが、年に数回程度の来店という不定期購買層で、このイベントを目的に駅ビルにやって来たという人たち。つまり、取り込みたいけど取り込めていないファミリー層を集客できたというのが、この取り組みの大きな成果です。

定量的な効果も示すことができ、クライアントも新たな地域連携の可

能性を感じてくれて、当初は二〇一二年のみの予定だった同イベントは、二〇一七年まで五年間継続する取り組みになりました。

——それは興味深いですね。駅ビルに店舗が入ると、地域の店舗にお金が落とされなくなるので、何かと対立関係になりがちなのに、お互いにメリットのある連携プレーが成立したということですね。

籾山　はい。こうして僕らは、民間商業施設がもつ公共性に大きな可能性を感じたわけです。一方で、「あおぞらガーデン」は期間限定の催事イベントだったので、こうした取り組みをいずれ常設化したいと願って、ようやく実現できたのが「中央線高架下プロジェクト」でした。

「コミュニティステーション東小金井」［八］は、二〇一三年四月から検討を開始して、二〇一四年に竣工。敷地は中央線の東小金井から徒歩五分程度、高架下なので細長く、駅に隣接している一方で、周辺にはまだ開発前の空き地が残っている場所にあります。

一般的に、デベロッパーが商業開発をする場合、事業収支上可能な限

［七］——ルミネ立川店屋上で催された「あおぞらガーデン」

［八］——「コミュニティステーション東小金井／モビリティステーション東小金井」（設計＝リライトデベロップメント、二〇一四年）で開催されたマーケットの様子

り最大の容積を要望します。でも、僕らはフレキシブルで使いやすい場所にしたかったこともあって、テナントの専有部分は最小限にとどめて、多様な使い方が可能な〝余白〟のある空間を提案しました。たとえば、高架柱と建物の間に半屋外のスペースを設け、さらに遊歩道との敷地境界を強調するように白いフレームと扉状の工作物を設置しています。

この半屋外空間は、オープンカフェ的な使い方もできる、内と外が混在したスペースです。遊歩道と建物との間に滞留スペースが生まれるだけでなく、お店にとっては商店街のはみ出し陳列のような賑わいがつくれる。さらに、マーケット時にはマグネット式のフックを掛けるなど、外部出店者の店舗に見立てた使い方もできる。広い空間は意外とアクティビティがつくりづらいので、仕切りにすることで空間にメリハリを出す効果もあります。

――この施設は、ご自分たちで運営されているのですか？

籾山　はい。施設の企画構想段階から関わらせてもらい、リーシングはもちろん、開業後も継続的に施設運営を行っています。業務委託という方法も検討しましたが、小規模店舗区画についてはリライトが事業主からマスターリースし、テナントにサブリースをする契約形態としたのは、テナントのまとめ役として施設運営に関わるという僕らの覚悟を明確にする意図もありました。

また開業以降、定期的に開催しているマーケット「家族の文化祭」の企画・運営をテナントが主体的に行っていることも特徴です。契約段階より、賃料を相場賃料よりも抑えた設定にする代わりに、開業後の施設運営にテナントさん自身が主体性をもって関わってもらうという条件で、現在はテナント七組が中心となり、外部出店者を合わせた約三〇組でイベントを行っています。

こうした取り組みの成果もあって、開業時の約千名程度から、一周年イベントでは三千人、二周年イベントで四千九〇〇人と、毎年集客を伸ばしています。商業施設は開業時が集客のピークといわれるなか、開業から四年経ってもまだまだ伸びているのは、各テナントや出店者が告知や情報発信を施設側だけに頼らず、自分ごととしてこの場をつくってくれているからでしょう。

古澤　「中央線高架下プロジェクト」は、時期的にもちょうどメジロスタジオとの統合の時期と重なっていて、これを機に組織の方向性が徐々に見えてきたという、すごく重要なプロジェクトなんです。

先ほど籾山も言っていましたが、建築的な補足をすれば、同敷地の法定容積率は二〇〇％ですが、実際は三〇％しか消化しておらず、容積がすごく小さいのがポイントです。一般的な商業施設の場合二〇〇％いっぱいのボリュームでつくるので周囲に対して閉鎖的な印象を与えてしまうでしょうが、僕らは平面的にも断面的にもさまざまな「余白」で満たされた建築にしようと考えました。これはまさに事業収支のスキームを設定する段階から提案をしているからこそできたこと。そして高架下の閉鎖的な商業施設とはまったく逆の公共性が生まれることになりました。

そのほかにもコンテナモデュールを使って、ヒューマンスケールに調整してローコスト化を図ったり、道路との境界面にフレーム状のファサードを設けたり、いろいろな工夫を施しています[九]。この白いフレームはスタディ模型にするのが難しいのですが、しぶとくたくさんの模型をつくって検討しました。細かいところでは、鉄骨には強軸と弱軸がありますが、あえて弱軸方向を表にしていて、二次元と三次元の中間に見

［九］──「コミュニティステーション東小金井／モビリティステーション東小金井」。断面パース（上）と道路との境界に設けたフレームのファサード（下）

えるような立体感を求めてスタディを繰り返しました。竣工後には、実現した形に至るまでに費やしたスタディの量が人の心に伝わるのだと改めて感じましたし、フレームのデザインがなければ、このどこにもない空気感は出せなかったでしょう。

容積率の設定という企画段階への関与や、地域との連携、あるいは施設運営までしているという側面ばかりが前面に押し出されると、ポリティカルコレクトネス（政治的な正さ）が保証され、建築の議論になりません。でも最終的には、建築としてどのようなものをつくったのかという視点こそが重要だと僕は考えています。

——それにしても、中央線沿線とは密接な関係ですね。どっぷりと密着していなければまちづくりの仕事はやりにくいものですか。

籾山　「あおぞらガーデン」「中央線高架下プロジェクト」など、沿線のさまざまなクライアントさんから相談をもらえるようになったのは、地域に密着した取り組みの成果だと思います。

一方で、ほかの沿線や地方都市でも同様のパフォーマンスを発揮できるのだろうか、ということを考えるようにもなりました。幸い、最近では、他エリアの案件も増えつつあり、これまで中央線沿線で蓄積したノウハウを体系化しつつ、どうしたら土地勘のない沿線や地方都市でコミュニティデザインができるのか、という試行錯誤も始めています。

＝分社化しているから、取りっぱぐれがない＝

――フィーの取り方についてお聞きしたいのですが。

古澤　基本的には、実働何時間で何人工、この役職が何人工働くからこの金額で、という計算の仕方です。一律で工事費の何%という計算方法よりは、構想に費やす時間も取れるので、人工で提案するほうが適していると感じます。お話をいただいた段階ではビルディングタイプが分からない場合もありますからね。

籾山　「中央線高架下プロジェクト」のように、そもそもスタートが設計業務ではない場合もありますし、組織を分けていることのメリットもあるかもしれません。設計事務所の場合、企画から関わっていても、なかなかコンサルティング費用を別途予算化するのは難しいでしょう。ただリライトの場合、異なる会社の名刺をもった、異なる専門性をもったメンバーが関わることで、クライアントにも違和感なく受け入れてもらっています。

古澤　この体制だと、たとえば設計に付随してサイン計画を依頼するときに、「ついでにやって」とは言いづらい。

籾山　確かに（笑）。一方で、仕事として成立しなくても、課外活動的にやってみるというのも、もちろんあり。僕らのなかで意義さえ見出せれば、クライアントワークであっても課外活動化はできるとも思っています。

＝具体的な側面と抽象的な側面を横断する思考能力＝

――若い人たちに向けて、こういう勉強をすると良いとか、意識して身に付けたほうがいいことはこれだというメッセージをお願いします。

古澤　学生たちにはいつも、物理的で具体的な側面と抽象的で観念的な側面を横断する思考能力が、絶対に必要だと言っています。「建築」は、「建物」ではありません。英語でいうと「ビルディング」に「フィロソフィー」が実装されて初めて「アーキテクチャー」になり得る。すなわち建築とは概念でもあって、ワンビルディング、ツービルディングスという具合には数えられないものです。この具体と抽象の両義的な思考ができるかどうかが非常に重要ですね。これは極論を言えば、そもそも人生において必要な思考能力だとも思います。抽象思考の側面がなければ社会的な正しさを満たすだけで満足してしまうし、自分を批判する回路をもてないわけですから。

また、最近とにかく感じるのは、3・11以降、正しさを求める社会になったということ。正しい合意形成のプロセスを踏めば、それはいい空間だという風潮があります。最近過熱するリノベーション業界に関与する建築家の取り組みも、空き家率の低減や地域経済の活性化、あるいは建築家の職能の拡張などが主題に設定されていて、正しさの世界に陥る危険性が高いですよね。

以前あるイベントで、僕より三〇歳年上の世代と、一五歳上の世代、そして僕の世代と一五歳下の学生たちといった、約半世紀離れた四つの世代の卒業設計をリサーチしたことがあります。すると、三〇歳上の世代の卒業設計は、文化大革命[6]や五月革命[7]などの時代で、反社会的なスタンスを取らないなんてありえない、というような政治的な過激さが明確なテーマとしてありました。一方で僕より一五歳上だと、今度はポストモダン[8]の形態的過熱というバブル期のテーマになるので、デコラティブで表層的な過激さの時代。だけど一九七六年生まれの僕らは学生時代にはバブルも弾けていたので、経済的高揚の反作用として表層的なものを過激じゃなくて当たり前として受け入れていました。

そして今の学生たちは、先述の通り、3・11以降の政治的な正しさの社会にいます。つまり、「政治的な過激さ」「表層的な過激さ」「表層的な日常」「政治的な日常」といった具合に世代は変遷しているのです。興味深いのは、最初の世代と最後の世代で「政治的」という背景はリンクしつつも、「過激さ」と「日常」で真逆のアプローチになっていること。一方で一五歳上と僕の世代も、「過激さ」と「日常」は真逆なのに、「表層的」でリンクするんですよ。

6 ――― 文化大革命＝中華人民共和国で一九六五年から七六年まで続き、一九七七年に終結宣言がなされた毛沢東主導による大規模な思想・政治闘争。

共産党内部の権力闘争と、その大衆運動化という二重の性格があり、多くの知識人が投獄、殺害され、一般にも多くの死者を出し、国内に大きな混乱と経済の停滞など甚大な被害をもたらした。また当時毛沢東の思想は、各国の知識人や政治、大衆運動、ヒッピーなどのカウンター・カルチャーに大きな影響を与えた。

7 ――― 五月革命＝一九六八年五月から六月にかけてフランスで学生たちの運動を発端に起きた社会的危機。

パリ大学の学園紛争をきっかけに学生運動が過激化し、労働運動と結び付いてゼネストに発展。地方にも拡大し高度資本主義の管理体制を批判する社会変革闘争の様相を帯びた。また「五月革命」がのちの社会運動や思想に与えた影響も大きい。

政治的な正しさが求められる社会になっている今、リノベーションやビジネスの文脈で建築家に求められているのは、その正しさを語ることである、と感じ取る学生たちが増えています。でも、それに傾倒し過ぎると閉塞感につながる危険性もあるので、正しさの一方で、半分は批判回路をもたなければなりません。そのためにも、僕は抽象思考が大切だと考えています。

——建築教育においては何か変えていくべきだ、取り入れていくべきだということはありますか。

古澤　繰り返しになるかもしれませんが、具体と抽象のバランスが必要。ですから、設計課題で実際の空き店舗を改修させたり、ビジネススキームを組んで提案させたりするのであれば、卒業研究では完全に抽象理論に取り組む。あるいは逆に、設計課題で抽象化に取り組むのであれば、卒業研究でどこかのまちづくりに飛び込んでくる。このように両方の側面にアプローチしていけば、学生たちがもっとニュートラルにものごとを考えられるのではないかなと思っています。

＝役に立たないものもつくってみよう＝

――最後に、今後の展望について教えてください。

籾山　古澤とリライトを始めてまだ五年ですが、課外活動も含めると約一〇年。僕らも四〇代になり、五〇歳に向けて新しい仕込みをしなければならないタイミングに差し掛かっています。古澤の言葉をそのまま借りるのであれば、僕らの日々の活動も具体と抽象のバランスを取らないといけないんだなと。さらにそれを読み替えるなら、クライアントワークと自社プロジェクトという日々の活動を、抽象化しつつ体系化していきたいと考えています。

一方で、人材という意味では、若手社員の育成だけでなく、もう少し長い目で見た人の育成が必要だとも感じています。建築には歴史があり、さまざまな組織が世のなかにあって多彩な人材がいるものの、ことまちづくりや都市という文脈においては、それほど層が厚くない。具体と抽象、すなわち実践とアカデミックを横断している人も少ないですから。僕自身、そういう存在になりたいなと思いますし、リライトもそう。「ソフトとハード」を「都市と建築」に読み替えて、建築と賑わいづくりの両方について語れる組織にしていきたいと思っています。

古澤　実社会にとって意義のあるプロジェクトが求められるのは言うまでもないことですが、かといって、世のなかの役に立つ、世のなかに接続しているもの以外は意味がないと言わんばかりの、ある種の閉塞感も感じます。

僕は、直接的には役に立たないもの、あるいは社会に接続してないもののなかに可能性を見出そうとする領域が保てる社会になってほしいと願っています。自分は実務と学務、つまり事務所と大学での活動を横断させようとしていますが、これは極論すれば社会から必要とされなくとも素晴らしい建築を、ちゃんと素晴らしいと言える社会環境をつくらなければと、強く思うからです。

なので、自社プロジェクトや自主研究は、寛容さのない社会に対する自分たちのもがき方というか、役に立たないものもつくってみようというトライアルではないか。そんなふうに思っています。

interview 3

コンピューテーショナル・デザインを武器に、デザインと戦略を提供する

豊田啓介・蔡 佳萱・酒井康介
[noiz]

コンピューテーショナル・デザインを積極的に取り入れた設計・製作・研究・コンサルティングなどの活動を展開するnoiz。その分野は建築からプロダクト、都市、ファッションなど多岐にわたる。価値観やあり方も常に流動的でありたいという彼らが次に目指すものを聞いた。

Organization Data

構成＝東京と台湾・台北の2箇所に拠点をもつ。固定化した部署はなくプロジェクトごとにチームを構成。

メンバー＝東京事務所は計約17名、うち正社員14名、非常勤3、4名。プログラマー、プロダクトデザイナー、設計者など複数の職能をもつメンバーも多く在籍。台北事務所は計3名。(2019年2月現在)

その他＝「EaR」にて建築情報学領域のリサーチやネットワーキング活動を行う。また都市・建築とテクノロジーのコンサルティングプラットフォーム「gluon」との連携によるさまざまなリサーチやスマートシティのフレーム構築にも関わる。

豊田啓介

一九七二年千葉県生まれ。一九九六年東京大学工学部建築学科卒業。一九九六〜二〇〇〇年安藤忠雄建築研究所を経て、二〇〇二年コロンビア大学建築学部修士課程（AAD）修了。二〇〇二〜〇六年SHoP Architects（ニューヨーク）を経て、二〇〇七年より東京と台北をベースにnoizを蔡佳萱と共同設立。現在noizパートナー、gluonパートナー、AI-FEED共同代表。

蔡 佳萱

一九七六年台北市出身。一九九九年ロードアイランド美術大学（RISD）建築学科卒業（建築学位、美術学位取得）。一九九九〜〇一年Suben Dougherty Partnership（New York）。二〇〇二年コロンビア大学建築学部修士課程（AAD）修了。二〇〇二〜〇四年David Hu Architects（New York）、二〇〇五〜〇六年Studio Sofield（New York）を経て二〇〇七年より東京に拠点を移し、東京と台北をベースにnoizを豊田啓介と共同設立。現在noizパートナー。

酒井康介

一九七七年東京都出身。二〇〇二年東京大学工学部建築学科卒業。二〇〇二〜一〇年安藤忠雄建築研究所を経て二〇一〇年より酒井康介建築設計事務所主宰。二〇一六年よりnoizパートナー。

＝留学先での出会いが発端＝

――二〇〇七年にnoizを立ち上げるまでの経緯を簡単に教えていただけますか。

豊田　僕は東大の建築学科を卒業後、一九九六年から二〇〇〇年まで安藤忠雄建築研究所[1]に行った後、コロンビア大学の大学院に留学し、修了後はすぐ帰らずSHoP Architects[2]でコンピューテーショナル・デザインの実務に携わりました。コロンビアでクラスメイトだった蔡と一緒に戻って来てnoizを立ち上げたのが二〇〇七年です。

蔡　私は台湾出身で一四歳からアメリカに渡り、ロードアイランド・スクール・オブ・デザインの建築学科を卒業したのち、ニューヨークの設計事務所での勤務を経てコロンビア大学の大学院に入りました。大学院を出てからは、David Hu Architects[3]や、Studio Sofield[4]というファッションブランドのショップインテリアを戦略的に手掛けるデザイン事務所でキャリアを積みました。

1――安藤忠雄建築研究所＝一九六九年に安藤忠雄（一九四一年―）より設立された設計事務所。一九七九年「住吉の長屋」で日本建築学会賞。一九九五年プリツカー賞、二〇一〇年文化勲章、二〇一三年フランス芸術文化勲章（コマンドゥール）、二〇一五年イタリア共和国功労勲章グランデ・ウフィチャーレなど受賞多数。

2――SHoP Architects＝一九九六年にクリストファー・シャープルズ（Christopher Sharples）ら五名によって設立されたアメリカ合衆国の設計事務所。
デジタルならではのデザイン性と施工性に着目した設計で注目を浴びる。二〇一四年に『Fast Company』誌の「世界で最も革新的な建築事務所」に選ばれている。

酒井　僕がパートナーになったのは二〇一六年です。僕も安藤忠雄建築研究所に八年間勤めたのちに独立していたのですが、二〇一三年頃にコンペを手伝ったのがきっかけでnoizのプロジェクトに関わるようになりました。僕にとってはメンバーが国際的でコンピュータ技術も吸収できるのが魅力でしたし、しかも自分の仕事をするのにオフィスも、さらにメンバーもある程度融通してもらっていいと言ってもらってたんです。そんな感じでパートタイムで参加しているうちにどんどんプロジェクトにも深く関わるようになり二〇一六年にパートナーにならないかと誘われたんです。

豊田　僕は外に出ていることが多く、事務所の規模もそこそこ大きくなって、酒井がいないと回らない状態になってきたので。東京事務所が一五人くらいになった頃、体制を見直して正式に加わってもらいました。

＝未来ビジョンの構築＝

——具体的な仕事の内容を教えていただけますか。

3——David Hu Architects＝一九九六年に設立されたアメリカ合衆国の設計事務所。ニューヨークを拠点とし日本、台湾、中国、タイ、マレーシアなど、米国以外でも広く活動する。

4——Studio Sofield＝一九九六年にウィリアム・ソフィールド（William Sofield）によって設立されたアメリカ合衆国の設計事務所。住宅およびショップやオフィス、ホテルなどの商業プロジェクトを多く手掛ける。ファッションブランドのショップインテリアとしてはボッテガヴェネタ、ラルフローレン、グッチ、YSLなどがある。

豊田　コンピューテーショナル・デザインを活用した建築、インテリアの設計が今でもメインですが、同時にプログラミングやリサーチ単独の仕事や、最近ではコンサルティングのような仕事を受けることも多くなってきました。

noizは東京と台北に事務所があります。とくに東京では「SHIBUYA CAST.」[1]のようなオフィスの外装や商業建築から戸建住宅、オフィスや住宅のインテリアといった一般的な建築設計が中心ですが、蔡の前職からの関わりもあってブティックを中心とした商業のインテリアやディスプレイ、展示計画やインスタレーションなどに関わることも多いです。プロジェクトの場所は日本や台湾、中国が多いですが、その他アジア各国やアメリカなど海外の比率が高いのも特徴です。ファッションやプロダクト、アートなど、他業種とコラボレーションをする機会も多いですね。

酒井　コンピューテーショナル・デザインがnoizの強みだし、その可能性を広く知ってもらいたいという思いもあるので、インスタレーションなどそういった類の仕事はある程度採算度外視で戦略的に取りにいくこ

［一］——「SHIBUYA CAST.」（設計・監理 ‖ 日本設計・大成建設一級建築士事務所共同企業体、ファサード・ランドスケープデザイン監修 ‖ noiz、2017 年）

ともあります。インスタレーションでは商業的な店舗の展示もありますし、美術展もあります。企業向けにプログラミングだけ納品することもありますね。

豊田　そのほかコンサルティング系では、都市や企業の未来ビジョンを構築してそれを納品したりということも多くなってきました。ただしそうした仕事の多くは表に出せないので、対外的に発表できるのは建築的な仕事がどうしても多くなりますね。契約しているものや実際に何かしらの作業が発生しているものだと三〇ほど、そこまでいってないものを含めるのであれば、常時四〇〜五〇程度のプロジェクトを進めています。

――プログラミングの納品とはどのような内容ですか。

豊田　プログラミングを納品する仕事というのは、noizはシステムを開発する能力まではないので、建築やプロダクトの分野［二・三］などで、とりあえず何かのパターンや、構成を生成するプログラムを試作するというものが多いですね。こういうものを一回提出すると、もうちょっと進

［二］――ヴォロノイ畳「TESSE」（noiz、二〇一九年）

化させてもらえませんかと、だんだんシリーズのようになることが多く、そのうちコンスタントに仕事をいただけるようになり、徐々に違う分野の仕事にもつながっていく流れなども起きています。

——では未来ビジョンの構築とは。

酒井 新しいこれからの技術環境で、一〇年後、二〇年後にある産業や企業の業態がどうなっていくのかを、リサーチや分析、シミュレーションなどを組み合わせてビジョンや指針というかたちで提供していく仕事［四］です。未来のざっくりとした画を、でも実際に可能性のある要素技術や経済状況、投資環境などを組み合わせて演繹的に描くということが、日本の大企業は意外なくらいにできないので、そういう話が回ってくることが最近はすごく多いですね。

——どういった知識が必要となるのでしょうか。

豊田 たとえば建築業界の企業に対してであれば、不動産や流通、交通

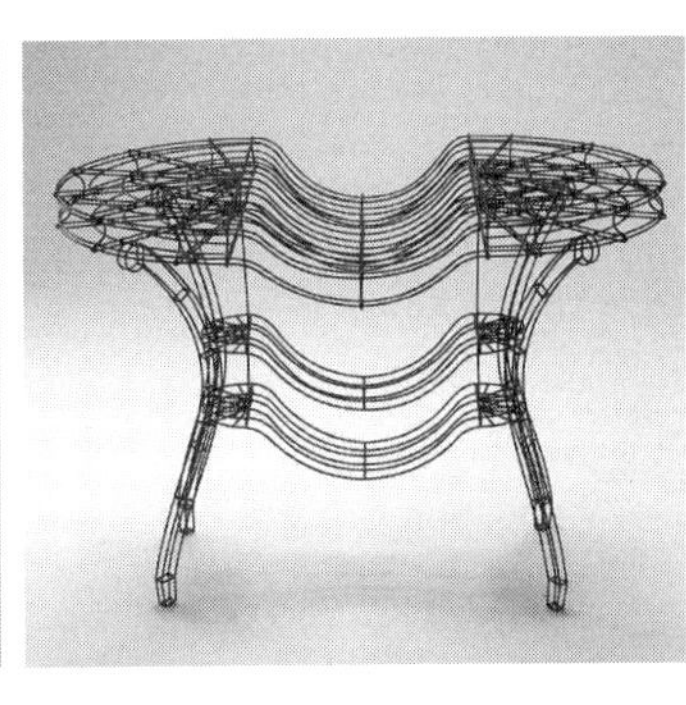

［三］——「Wirefrarne Futniture」（noiz、二〇一二年）

［四］—— コンサルティング事例の一例

など周辺領域のテクノロジーによる変化も加味して提案しなければいけませんから、テクノロジー全般に関する興味と知識、その勘所をもっていることが必要ですね。建築業界は業界内や国内での競争に閉じこもる傾向があって、とくに世界的な視点で技術のあり方が社会の動向や新しいビジネスの可能性を根本的に変えることに意外なほどに目を向けられていない傾向があります。僕らとしても、こうしたコンサルティングを業態を越えて行うことで、新しいデザインに活かせるより広くビビッドな知見を蓄積することができます。

――この仕事の可能性に気づいたのはいつ頃でしょうか。

豊田　ニューヨークから帰ってnoizを立ち上げた頃です。海外ではIDEO[5]やfrog[6]などのデザインコンサルタント会社が行なっているような、デザインと戦略を同時に提供するようなサービスが、まだ日本では現実にお金を払う対象として認知されていませんでした。今でもそうした状況はありますが、もっとデザインやテクノロジーを介して見えてくる、新しい構造や可能性はあるはずとは確信していました。

5 ―― IDEO＝一九九一年に四つの既存デザインファームの合併によって設立されたデザインファーム。
アメリカ合衆国カリフォルニア州パロアルトに本拠点を、世界八都市に拠点をもつ。アップル社のマッキントッシュに付属する初代のマウスをデザインしたことで有名。二〇〇〇年以降はハードからソフトのデザインへと領域を広げ、現在はデザインコンサルティング業務により企業の事業戦略を提供する。「デザイン・シンキング（デザイン思考）」という概念で一躍注目を浴び、この言葉は現在広く経営領域にも浸透している。

6 ―― Frog Design Inc.＝一九六九年にハルトムート・エスリンガー（Hartmut Esslinger: 1944－）によってドイツで設立された、世界一一都市に拠点をもつ世界最大規模のデザインファーム。八〇年代にアップル社マッキントッシュのデザインをはじめ、その後GE、HP、Intel、Microsoftなど“Fortune500”企業を多数クライアントにもち、幅広い分野でデザインを手掛けてきた。現在ではIDEO社と同様、デザインコンサルティング業務により企業の事業戦略を提供する。

ただこうしたコンサルティングの仕事が受けられる状況になったのはこの二〇一六年くらいからなんですよね。潜在的なニーズがようやく社会に醸成されてきている感覚はあって、それがちゃんと僕らのところに来るようにするには、まずは旗を掲げておく必要もあって。そこを意識し始めたのがその頃ということです。

蔡　もともと、仕事のなかではそういう提案はし続けているんですよね。デザイン単体として納品するだけでなく、もっと根本のところとか、その先を見た提案をしている。ただそれに対する対価をいただけるよう模索し始めた。

豊田　昔から、たとえばとある再開発案件で絵を描いてくれというオファーであれば、僕らとしては国際的な状況のなかでこういうニーズがあるはずだから、そのためにはこういう施設を入れてこういうふうに使われたらいいという状況分析からストーリーまでを全部提案に盛り込んでいたんですね。ただ先方が想定しているフィーからするとやり過ぎなんですが。でもそれを見たほかの部署の方がその分析がすごいからこっちで提案協力してくれないかという話になって、徐々にコンサルティングの仕事をいただける機会が増えていったという側面もあります。

ただこれを設計事務所の業態で受けてしまうと、人工[7]計算で計上するフィーでしかもらえないんですよね。たとえば僕らが二〇〇万しかもらえない仕事でも、同じことをマッキンゼー[8]がやったらおそらくチャージは二億のオーダーです。若干誇張はありますが、二億と言わないけれど、せめて二千万はいただけないと、僕らの業態の未来ってないと思うんですよ。だから、僕らも時間ベースでなくて価値ベースで報酬をいただけるような業態をうまくつくっていきたいです。noizを見ても、すごく多様で優秀な人材が集まってくれている。彼らの能力と生み出している価値に、相応な対価が払える業態をまずつくるところから、という意識はいつももっています。

今はまだ僕らが提供できるものに対して、社会のほうが気づけていないなということが、クライアントと話していると感じることは多いんです。これをもう少しちゃんと伝えられれば彼らにとっても価値があるし、僕らも設計事務所としてのフィーで受けるより大きなものが提供できると感じています。

7——人工＝一日仕事をして掛かる人件費のこと。

8——マッキンゼー・アンド・カンパニー（McKinsey & Company）＝一九二六年にシカゴ大学経営学部教授のジェームズ・O・マッキンゼー（James O. McKinsey:1889-1937）により設立された、アメリカ合衆国に本社を置く大手戦略系コンサルティングファーム。世界六〇カ国に一〇五以上の支社をもつ。一九七一年に東京に日本支社を設立。

――コンサルティング業務をより発展させるために何か考えられていることはありますか。

豊田　noizは基本的にはデザインをベースに活動していますから、やはり今のところ限界はあります。ですから、noizとは切り離したかたちで、僕と東京芸藝術大学の金田充弘[9]さん、UDSの黒田哲二[10]さんとが共同設立者になるかたちでgluonという組織を立ち上げ最近、元noizメンバーの堀川淳一郎もCTOとして加わることとなりました。こちらはあくまで設計事務所であるnoizに対して、テクノロジーと建築・都市という新しい掛け合わせの領域で、昨今急増しているコンサルティングやビジョン構築、基礎的な実装実験などを企業と連携して行うコンサルティング会社という位置づけです。この領域は、あきらかにこれからの新しい社会構造の基礎になるとても重要な領域なんですが、意外なほどに日本にはリードできるプレイヤーがいないんです。それなら僕らがやらないと、この分野の停滞がさらに長引いてしまうと。

――この分野の停滞というのは、具体的にはどのようなことでしょうか。

9――金田充弘＝構造家。一九七〇年生まれ。「メゾン・エルメス」（レンゾ・ピアノ、二〇〇一年）で松井源吾賞、BCS賞受賞。

10――黒田哲二＝UDS（株）執行役員。一九七七年生まれ。隈研吾建築都市設計事務所を経て、二〇〇五年より（株）都市デザインシステム（現UDS）にて企画開発業務を担当。

11――Uber Technologies Inc.＝二〇〇九年三月にトラビス・カラニック（Travis Kalanick: 1976―）とギャレット・キャンプ（Garrett Camp: 1987―）により設立された、サンフランシスコに本社を置くテクノロジー企業。一般人が自分の空き時間と自家用車を使って他人を運ぶ仕組みもつ自動車配車ウェブサイトおよび配車アプリのシステムを構築・提供。世界六五カ国の六〇〇都市以上で展開（二〇

豊田　現在、建築業界にも、タクシー業界に対するUber[11]、ホテル業界に対するAirbnb[12]のように、プレイヤー自体の入れ替わりが起こり、これまで固定的だった領域の流動化・離散化といった構造変化が始まっています。オフィスに対するWeWork[13]なども同様の動きですね。設計や施工といった領域を越えて、企画からオペレーションまで、建築周辺でも多様な領域に大きな構造的変化が起こるはずなんですが、それに対応した将来像をR＆D（研究開発）や数理解析ベースで描けるプレイヤーがいない。この現状を打開するために何かしたいと考えたわけです。

具体的にはgluonはコンサルティング会社という立ち位置で、既存の都市建築周辺領域の企業のビジョン構築の具体化を手伝ったり、異なる業種の企業や個人をつないで新しい研究開発領域の立ち上げを手伝ったりしています。そのために、建築や都市に関する実践的な知識が求められることが多くて、それらと新しいテクノロジー両方にわたる知見と技術とを蓄積、流通させる役割をしています。

こうした活動をデザイン活動と並行して行うことで、最先端の技術や感性が入ってきます。それが新しいデザインの手法や感覚を醸造することにつながるはずだと考えています。

一八年一二月現在）。

12 —— Airbnb, Inc.‖二〇〇八年にブライアン・チェスキー(Brian Chesky:1981—)とジョー・ゲビア(Joe Gebbia:1981—)、Nathan Blecharczyk:1984—）により設立されたサンフランシスコに本社を置くテクノロジー企業。貸したい物件をもつ一般人が借りたい客に部屋を提供するウェブサイトシステムを構築・提供。一九〇カ国三万四千以上の都市で宿泊可能（二〇一八年一二月現在）。

13 —— WeWork Companies, Inc.‖二〇一〇年にアダム・ヌーマン（Adam Neumann:1979—）とミゲル・マッケルベイ（Miguel Mckelvey:1973—）により設立（前身となるGreen Deskは二〇〇八年設立）。ニューヨークに本社を置き起業家向けのコワーキングスペースやWeWork Commonsというコミュニティを提供する企業。三二カ国一九六都市に五一八カ所以上の拠点をもつ（二〇一八年一二月現在）。WeWorkがテック企業として大きな飛躍を遂げた背景には、豊田の後輩でもあり、SHoPから独立したメンバーで設立されたBIMスペシャリスト集団「Case」による買収がある。

═ 台湾の状況 ═

――東京と台北に事務所がありますが、仕事の規模や内容は違いますか。

蔡　やはり言葉の環境もあるので、現在、東京事務所はおもに豊田と酒井が、台北事務所は私が見ているかたちです。もともとは台北のほうが全ジャンルにまたがって仕事は多かったんですが、最近日本でのコンサルティング業務が増えてきたので、どうしても東京に比重を移さないといけない状態になっています。また、台湾は政治的な移り変わりが経済にものすごい影響を与える土地柄でもあるので、五年ぐらい前までは大規模プロジェクトが多かったんですが、今はそんな状態ではないので、台湾の比率は以前に比べると低くなっています。むしろオリンピックを控えている東京のほうが、経済的には活発かもしれません。

――台湾と日本で仕事の進み方の違いはありますか。

蔡　台湾は中国ほどではありませんが、大きなプロジェクトでも日本ではありえないような突発的な変更が多いです。いろいろな意味で、台湾は中国と日本の中間に位置する感覚ですね。

豊田　台湾の国家的なプロジェクトで、実施設計が終わった段階で敷地が五〇〇メートル移動するという、常識では想像できないことが起こったりもしました。

そこまで劇的な話でなくても、台湾では政権が変わると公共プロジェクトが組織ごと見直されるということは結構な頻度で起こります。台湾ではそうした状況の変化に臨機応変に対応する感覚と体制は常に求められますね。

＝与条件を飛び越えた提案を＝

――これまでに手掛けたプロジェクトを紹介していただけますか。

酒井　最近手掛けたプロジェクトの一つに、一連のSONYのコワーキングスペースがあります。3Dプリンターなどデジタルファブリケーションの機械を設置して企業内の有志グループが使うラウンジスペースの提案コンペに応募したものです。このようなスペースが大崎、品川、厚木というソニーの三つの拠点それぞれにあって、それぞれ別のグループが利用しているとのことでした。そこで僕らは与えられた条件を飛び越えて、三カ所が相互に情報を共有しつつ連携するネットワーク拠点として提案することで、結果的には三拠点にまたがる施設を設計させてもらっています。もちろんネットワークの構想だけでなく、スペースそのものについても常に使い手の判断で変えていけるよう、今の時代ならではの可変性やイベント対応性をできるだけ広げるような提案にしています。

豊田　そこでも与条件には書かれていない可能性を掘り起こしました。たとえば羽田の滑走路の延長線上にあることを活かした、ランウェイを真ん中に通したり、地下の高低差のある構造を活かした谷状の階段構造を導入したりなど、通常のシェアスペースでは求められていないような構造をあえて前面に押し出すことで、むしろ当初の想定を超えた使い方を誘発しています。どちらもよく使っていただけているようで、僕らとしてもデザイナー冥利に尽きます。

コンピューテーショナル・デザインをめぐる状況

――noizを立ち上げられた二〇〇七年当時に比べて、現在のコンピューテーショナル・デザインをめぐる状況に何か変化はありましたか。

豊田　世のなかの状況は思ったほど変わっていないというのが実感です。今一〇年前に書いた本の改訂版を準備してますが、現状分析と今後への提言はほとんど書き直さなくていいと思うほどです。

建築家はアーティストとは違いますから、僕らだけでなくつくる人・施工者・メディア全部の意識が変わらなければ、建築は本質的には変わりません。そんななかでできることとして、あえて事務所の時間の何割かを使って実験的なことをやることで内部の興味と技術レベルを常に高めながら、まずは自分たちの身体を実験台に新しい感覚を取得し、それを外に発信するように努めています。それによってこの分野での僕らの立ち位置も相対的に高まり、人材や機会も集まるし、実際ここ二、三年、社会側の反応も変わってきた印象はあります。

——どんなふうに変わってきましたか？ それはBIMが少しずつ浸透していることの現れでしょうか。

豊田 僕らがこれまで提案してきた新しい価値領域に気づいてはいるものの、具体的な一手が見えない人はさまざまな立場にいるんだと思います。そういう人や部署からの依頼が急に増えてきましたね。

間違いなくBIMの浸透の影響はあるでしょうね。今でもまだBIMがデジタル化の最先端だみたいな感覚は一般に強いのですが、その先の、業態を越えた可能性を模索しないと先がないという危機感もまた、漠然とですが共有はされ始めている実感はあります。

——noizが展開しているような、情報を分析、ビジュアル化して多様な分野に提供するような活動は、建築を学んだだけではできないことでしょうか。

豊田 むしろ建築教育を受けた人が一番得意なはずだと思います。

複雑に見えているものとか、前提とか常識で違うジャンルだと思いこんでいるものを冷静に分析していくと、次元の構造として等価に扱えることがいっぱいあって、トレーニングさえ積めば、これまで見えなかった関係性や動きが当然のように見えるようになるし、新しいデジタル技術を身に付ければ、それを建築を設計するように記述、展開することも可能になります。

蔡　逆に、そうした異分野での応用トレーニングの経験を建築や都市の設計にフィードバックできる可能性も重要だと思っています。都市の動的な性能を踏まえて、まったく異なるスケールを横断するかたちで未来の都市のあり方を考えるとか。ただ今のところは、そういうお題をいただくことがあるものの、なかなかその価値のスケールで実際のプロジェクトに落とし込むところまではいけていませんが。

――プロジェクトの体のいい言い訳に使われてしまうのでしょうか。

豊田　そうですね。何かを再構築するとか組み替えることは新しいことを始めるための前提のはずなのに、現行の制度と価値観を変えずにやりたがる人が現実には多いです。でも、それってそもそも矛盾ですよね。新しいことをやりたいと言ってきたプロジェクトでも、結局自分は変えずに済ませたいっていう前提で話をしていることが多いんです。「違うじゃん、新しいこと何もやろうとしてないじゃん」と言いたくなりますね（苦笑）。

――これは今知っておくべきじゃないかというような、最近注目しているトピックはありますか。

豊田　今僕が興味があるものの一つにリザーバ（Reservoir＝貯水池）コンピューティングがあります。たとえばコンニャクをグニューって曲げると誰も計算していないのに、圧倒的に計算よりも速く全点の動きがプロットできるわけです。このような物理現象を情報処理に応用するようなアプローチをリザーバコンピューティングといって、日本でもいくつかの大学や企業の研究室で研究が進んでいます。都市や建築ってそもそも情報量が多過ぎてどうやっても一対一の計算ですべてを処理することが不可能な複雑系なので、より現実的に都市や環境をスマート化するというためには、こうした考え方をうまく組み込んでいくことは必須だろうなと考えています。

＝国境を越えた組織づくり＝

――noizの組織について教えてください。

酒井　今はメンバーは東京が一四人、台北が三人ですね。それ以外に、かつての僕のように、自分の仕事をやりながら週何日かはパートタイムで手伝っている人が三、四人はいます。得意な領域になるとプロジェクトベースで顔を出す人たちですね。もとのメンバーで、そういったかたちでつながっている人もいます。

蔡　メンバーは、できる限り日本人が半分以上にならないように意識してます。今は日本の仕事が増えているので難しいところではありますが、日本人がマジョリティーになると事務所に無用なヒエラルキーができてしまいかねないし、そもそも最新の情報がまず英語で出回る現代の技術環境で、うちのような事務所では英語がデフォルトであることは死活問題なので。

——では、どのような雰囲気を目指していらっしゃるんでしょうか。

蔡 個人の時間や家族といる時間を尊重することを前提に、それぞれフレキシブルな時間の使い方で、プロとしてのプライドをもって任された仕事を遂行してほしいと思っています。アメリカやヨーロッパから来たメンバーは、時間にはいい意味でフレキシブルでも仕事のクオリティには責任をもつ意識があります。こうした価値観をうまく共有するという意味でもできるだけいろいろなバックグラウンドの人が混ざっていることが大事だと思いますね［五］。どうしても日本人は締め付けを緩くされるとその分緩くなるというように、自発的な責任でものを回すのが苦手な傾向はあると思います。

——皆さんの職種は分かれているのでしょうか。

［五］——noiz東京事務所。国籍も専門分野もさまざまなメンバーが働く

豊田　建築専門の人がほとんどです。今のうちの業態からすると、本当はプログラマーやプロダクトデザイナー、グラフィックデザイナーがもっと必要なのですが、採れなくて四苦八苦してる状態ですね。理想で言うと建築は知らないでいいのでプログラマーがあと三人、グラフィックデザイナーが一人、プロダクトデザイナーも二、三人いて、ビジネスマネジャーも一人、二人いないと今やろうとしてることが回らないはずなんです。と言っているだけでは仕方がないので、たとえばグラフィックデザイナーに関しては外部の仲間とプロジェクトごとに組むようなかたちも取り入れて進めています。

――では、現在は設計者の方がコンサルティングのプロジェクトもやってらっしゃるんですか。

蔡　はい、もとの出自としては設計がバックグラウンドです。もちろん得意不得意があるので、クライアントのジャンルとトピックに応じて、適性のあるメンバーを選んでいる感じですね。

――どういうチーム構成と進め方でプロジェクトに取り組んでいらっしゃいますか。

豊田　進め方は設計とそれほど変わりません。パートナーかプロジェクトマネジャー一人に対して若いメンバーが一人、二人。大規模になるともう少し増えます。うちの場合、プログラムばかりやる人とか絵を描くのがうまい人とか、デバイスにやたら強いけど建築は正直興味ない人とか、いろいろなタイプがいるので、その都度チームを組み合わせていきます。この個々のメンバーのダイバーシティが際立っているほうが、むしろいろんなプロジェクトが組みやすいので、普通の事務所だと敬遠されるような得意分野の偏った人材を欲しがる傾向はあるかもしれません。

――事務所の収益全体におけるジャンル別の比率を教えてください。

酒井　結構年ごとに変わっていくんですよね。それでも一応、今は建築やインテリアなどのいわゆる設計・デザイン業務とコンサルティングやビジョン構築などの非設計業務で半々ぐらいでしょうか。コンサルティングの割合が増えてきてはいますが。

豊田 ちょっと設計事務所としてバランスが悪いくらいにコンサルティングの割合が上がり過ぎている傾向があるので、先ほど述べた通り昨年から建築や都市とテクノロジーといった領域に特化したコンサルティング会社gluonをnoizとは別のパートナーと一緒に立ち上げたところです。

──フィーのもらい方はどのようなかたちですか。

豊田 設計案件は通常の設計事務所と同様の計算方法ですし、タイミングなども通常通りです。

コンサルの場合は、内容と規模感にもよりますが、自分たちで相応の相場を決めて提案しています。

まだなかなかできてませんが、本来は提案した内容が後々に商品化につながれば、それに対するインセンティブベースでも対価が発生するべきです。提供した仕組みが経時的にバリューを生むのであればそれに対する対価をきちんといただくかたちを模索しながら進めている状況です。

――なるほど。たとえば設計料は、日本と台湾では同じレベルでもらえるんですか。

蔡　台湾のほうがやっぱり安いですが、段々同じレベルにはなりつつあると思います。台湾は景気が上向いているし、文化的な土壌もできつつありますし。

豊田　僕らにある程度ネームバリューができて、本来もらうべきだった正当な対価を正当に請求できるように徐々になってきている感じです。昔は本当に下手に出ないと契約すら取れませんでしたから。

自分たちが欲しいと思える人材を育てる

――EaR（イアー）の活動について、役割や具体的な活動内容を教えてください。

豊田　EaRは、Experiment and Researchの略で、さまざまな分野の最先端の面白そうな事例をリサーチするための社内の部活動みたいなものですね。もともと、事務所の業務の三割ぐらいは誰にも頼まれてない非営利的な研究活動をしていました。必要以上の情報や技術に普段から触れるようにしていることで、実際のプロジェクトで、選択の幅や精度を上げることができるんです。

そうした活動をより体系的にすることに加え、外部でそうした領域に興味をもっている学生に研究の機会をつくったり、周辺で先端的な活動をしている人を招いてレクチャーをするなど広がっていったものがEaRの活動です。もっとも、今年からEaRの活動を発展させるようなかたちで「建築情報学会」の立ち上げ準備が外部の人を巻き込むかたちで始まったので、今年はそちらのサポートを優先してEaRはちょっと休部状態です。去年までは卒業論文生の指導をEaRで引き受けるなどの活動を通して、僕らも逆に知識を得て、モチベーションとネットワーキングにも活用していました。

——建築教育は変わってほしいと熱心に発言していらっしゃいますね。

豊田　新しい感覚とか技術を備えた人を育ててほしいなと本当に思いま

す。EaRや建築情報学会の目的は、自分たちが欲しい人材を育てるためでもあって、これをやることでコンピューテーショナル・デザインに興味がある人がもっと自信をもって社会に広がってほしいなと。これまでだと突然変異的な人材が各大学に一人ぐらい生まれるのを毎年待つことしかできなかった。建築業界の規模に対して、年に数人勝手に生まれるのを待っているなんてとんでもない。業界を挙げてしっかり体制をつくって機会と人材を育てる義務が僕らにはあると思うんです。それは業界全体の必然でしかなくて、さらに言えばそういう人にnoizにも来てもらいたい。彼らが来たときにそれなりに知的好奇心と成長の欲求を満たせるような場をどれだけ提供できるかが大事だと思っています。

——これから社会に出る若者はどんなことを今意識すればいいでしょう。

蔡　日本から外に行く留学生が非常に減っていることが気になっています。全員が留学する必要はありませんが、一度は生まれ育った国を離れてみる経験は大事だと思います。

日本の社会的な規模と比べると、この一〇年ほどの留学生の少なさは異常です。国際的なビジネスでクライアントと対等に話せたり、海外の相手に対して冗談を交えて対等にやり合えたり、そんなスキルを磨けるのが、学問の専門領域とは違った留学の意味だと思います。今日本で実際それができる人は本当に少数です。

――なるほど。さらに具体的に教えていただけますか。

豊田　たとえば自分が育った環境にはないカルチャーを経験することによって、「気の遣い方のポイントが日本人とは違う」という当たり前のことに気づくことができます。日常のいろんなところで相手が自分とは異なるチャンネルで物事を見て判断しているということがわかって初めて、本当の意味で相手を尊重しながらコミュニケーションできるのだと思うんです。それは語学力とは別の能力なので、なかなか日本にだけ浸っていると身に付けることは難しい。

自分が育った環境で得た常識なり慣習を異なる文化と照らし合わせて相対化できれば、今度は建築というものも相対化できるし、いろんなジャンルについて相対化できる目を養えると思います。これは新しい技術や価値体系と接していかないとならない僕らの世代にとって、とても重要なスキルです。

——建築教育の現状に対して何かありましたら。

豊田　そもそも建築情報学はもとより、ソフトウェアやハードウェアについてすら教える機会も卒業論文をこうした分野で指導できる研究室もまだ本当に少数しかないのに、都合良くそんな人材が増えるはずがないですよね。いろいろな大学で、教えられる人がいないから環境がつくれないと言われますが、まずは環境をつくらなければ教えられる人も育たないし集まりません。人をとにかく置いてみるとか、設備を置いてみるとか、まずは環境をつくってみることから始めるべきなんです。

ここにきて急激に建築業界のどこからも「BIM使える人材下さい」と言われるようになってきました。もちろん可能なら応えたいんですが、いきなりそんな人材が湧いて出る訳でもありません。一〇年前からそういう人が不可欠になるから育てるプログラムをつくりましょうと言い続けてきたのに、日本の建築界はまったく対応を怠ってきたのは厳然とした事実です。「あなたたちこれまでBIM使える人材育てるための教育プログラムに何も貢献してくれなかったでしょう、今さら成果だけ欲しいとか都合良過ぎるんじゃないの」と正直思います。今の世界の状況から見たら、ハードやソフトの環境と教育プログラムを用意してリサーチセンターをつくって、国内外から専門家や研究者を招いてコンスタントに人が育てられる環境をつくるのに、今さら遅いけれどもこれまでの借金を返すという意味で、大手ゼネコンなら各社百億円ずつくらい出して、業界を挙げた総額一千億くらいのリサーチファンドつくるくらいして然るべきだと思うんですよね。

二〇二〇年を前にして、建設や不動産業界が軒並み史上最高益を出してるわけじゃないですか。何を今さら、とは思いますが、とにかく今できることをやるしかない。そこに僕らなりに少しでも先鞭を付けられたらとは常に考えています。

——外国ではそのような投資がすでになされているということでしょうか。

豊田　もちろん今言ったような理想形で動いている国がそうあるわけで

もありませんがスイスのように国策で進める国にしてもGoogle[14]のような巨大企業がリードするアメリカにしても、先進的なところではこの領域への投資は日本に比べれば桁二つ三つ違いますよね。それでも日本は物づくりの良い基礎があるので、まだ今からなら逆転できる可能性がありますが、このまま人材すら育てられない環境であと一〇年経ってしまえば、もう手遅れですよ。

留学と一口に言っても、国をまたぐ留学と、分野をまたぐ留学の両方があるべきで、建築から高分子の生物学のほうに行くとか、経済学に行くとか、それこそPIXAR[15]みたいなアニメーションスタジオに行って帰って来た人材がどんどん増えるみたいな環境になってこそ、初めて建築という領域が新しい知見ベースで活性化すると思うのですが、現在はまったくできていません。

そういう領域間で最先端を学び合うという点では、現在ならプログラミングなどのデジタル言語が共通基盤です。英語を学ばずに海外に留学できないのと同じで、領域間の共通言語を建築界全体で身に付けておく必要があるんです。

14 —— Google LLC‖一九九八年ラリー・ペイジ（Lawrence Edward "Larry" Page:1973—）とセルゲイ・ブリン（Sergey Mikhaylovich Brin:1973—）によって設立されたテクノロジー企業。カリフォルニアに拠点をもち多国籍に展開。検索エンジンGoogleなどインターネット関連のサービスと製品に特化した事業を行う。

15 —— Pixar Animation Studios‖一九八六年二月に創設されたカリフォルニアに本社をもつ映像制作会社。コンピュータグラフィックスを用いたアニメーションを得意とする。レンダリング用のソフト「RenderMan」の開発も行った。

——それでは、どのような建築家が社会の期待に応えて生き残れると思いますか。

酒井　一つでも強みがあってそれをバンバン発信できる人が強いと思いますね。今ありとあらゆる方向にニッチが生まれて、それが社会と接続し得るネットワークができつつあるので、デジタルであろうとなかろうと、自分の強みを信じて発信までつなげられることが重要だと思います。

コンピューテーショナル・デザインだからできる形の追求

——noizおよびEaRの今後の展望について最後に教えてください。

酒井　事務所全体の強いビジョンというよりは個々人の思いがレイヤーのように重なっているんですよね。多様な方向に興味のある人たちがコンピューテーショナル・デザインという大きな方向性で集まっているのがnoizの特徴なのでこうすべきみたいな規範をつくるのは避けたいなと。

豊田　特定の価値観やあり方を指して、「これがnoizである」みたいに規定してしまった瞬間に、その外側に行けなくなってしまうので。もうちょっとメタなレベルでエッジを立てつつ、形やスタイルのような従来のデザインの価値の追求ではない、柔軟なチームのつくり方ができないかというのは、常に意識していますね。

——それでは、メタなレベルでは、どのようなことをお考えですか。

蔡　現在は過渡期なので、どうしてもテクノロジー自体が目的化してる部分があるのですが、本当はその次の段階、それを使って何ができるか、何が貢献できるかをちゃんと示してロールモデルにしたいですね。私の場合、個人的にはやはりとくに地球環境に関して次世代に対する責任を明確なかたちにして示すことが大事だと思っています。

酒井　コンピューテーショナル・デザインの技術や経験を生かしたコンサルティング業務が大きくなってはいますが、それを経て一周回ってじゃあデザインのあり方はどう変わるのか、建築デザインへの適用についてはまだ模索段階なので、具体的な形を提示できるようにしたいと思っています。

豊田　そうですね。根源的にはデザイン事務所なので、最終的な社会への投げ掛けとコミットメントはデザインやモノそのものの形で示したいと思っています。その問い掛けをするための回り道としてのコンサルティングであり技術なので、それを目的化せず、それを経たことで初めてできる形とは何なのかを社会に提示できて初めてnoizとしての役割が果たせたことになると思うので。そこには最終的にもっていきたいですね。でも同時に、その過程で見えてくる新しい価値のあり方、そこを見落とさないように、最初に拾い上げるチームがnoizでありたいとは常に思っています。

interview 4

アートの手段を用いながら 建築や都市のフレームワークを構築する

齋藤精一
[Rhizomatiks Architecture]

Research ＋ Architecture ＋ Design

インタラクティブな広告プロジェクトや先鋭的なメディアアートで注目を集める(株)ライゾマティクス。2016年に発足した建築部門Rhizomatiks Architectureでは、アートの手段を用いながら業界横断的な視点で建築や都市のフレームワークを構成するという。その具体的な内容や目指している都市のビジョンを聞いた。

Organization Data

構成＝(株)ライゾマティクスは「Research」「Architecture」「Design」の3部門から構成。

メンバー＝(株)ライゾマティクスは計47名。プログラマー、エンジニア、CGやソフトウェア、ハードウェアなどのデザイナー、アーティストや建築設計者などさまざまな職能をもつメンバーも多く在籍。(2019年2月現在)

齋藤精一

一九七五年神奈川生まれ。東京理科大学工学部建築学科を卒業後、二〇〇〇年コロンビア大学大学院建築都市修景学部（MSAAD）大学院修了、ニューヨークでアート活動を開始。並行して二〇〇一年からArnellGroup（広告代理店）。二〇〇三年越後妻有トリエンナーレでアーティストに選出されたのをきっかけに帰国。その後フリーランスのクリエイティブとして活動。二〇〇六年（株）ライゾマティクスを真鍋大度、千葉秀憲らと共同設立。二〇一六年よりRhizomatiks Architecture主宰。

═建築には未来がない？═

――まず、立ち上げの経緯ときっかけを簡単に教えていただけますか？

僕が（株）ライゾマティクス（以下、ライゾマ）を一緒に立ち上げた真鍋大度と千葉秀憲と出会ったのは、東京理科大学の学生時代でした。僕は建築学科で、真鍋と千葉は数学科。在学中は大学の先輩が発行していたフリーペーパーの編集の手伝いや、クラブで音楽やファッションのイベントを主宰したり、いろんなことをしてましたね。

卒業後はコロンビア大学に留学して、モルフォロジー（形態論）の研究をしました。コロンビア大学を卒業したのちに建築事務所に就職したのですが、二〇〇一年に同時多発テロが起こって、ニューヨークの建築業界が一気に縮小してしまいました。そもそもアメリカでもアトリエ系のスタッフの給料は月給四万円とかです。あまり建築には未来がないと思って、いったん建築を辞めました。

――どういったことに未来がないと感じられたのでしょうか。

建築家にイニシアチブがないことが大きいですね。建築家は、情報発信をしたり文化を変えるために造形物をつくるというよりは、完全にコマーシャライズされて、発注にしたがってプロジェクトの表層だけを任されることが多かったし、現在もそうだと思います。

コロンビア大学卒業後の二〇〇〇年から個人でアート作品をつくり始めていたのですが、二〇〇三年のニューハンプシャーのダートマスカレッジで展示したインスタレーションに付けた名前がRhizomatiksです。その頃、真鍋がアメリカに短期留学をして、僕の家に泊まっていていろいろ話していたときに、二人ともリゾーム（rhizome）という考え方が好きだから、これに「iks」とか「ism」を付けようとなって、この名前が生まれました。

建築事務所を辞めたあと、二〇〇一年から三年ほどニューヨークの広告代理店に務め、仕事をしながらアートの創作活動を続けていました。二〇〇三年に「大地の芸術祭 越後妻有アートトリエンナーレ」［二］で選出されたのをきっかけに帰国し、その後もフリーランスでインテリアやウェブデザインの仕事を続けていたのですが、仕事とアーティストの活動を別々にやるのは無駄が多いと思ったんですよね。真鍋から「今はイ

［二］――「大地の芸術祭 越後妻有アートトリエンナーレ」選出作品「whitebase_GINGA」（斎藤精一、二〇〇三年）

ンタラクティブというのが面白くて、プログラムでいろんなことができる」と言われていたこともあって、自分たちが制作したメディアアートなどの作品で収益を上げられないかと、二〇〇六年に組織を立ち上げ、ダートマスカレッジの展示に付けた名前から取って社名を(株)ライゾマティクスとしました。立ち上げ当初はウェブバブルだったので、ウェブの制作や広告のプロジェクトが多く、二〇一六年の時点でスタッフが三、四〇人くらいの組織になりました。

＝建築と都市にコミットする＝

——その後はインタラクティブな広告プロジェクトや先鋭的なメディアアート作品で注目を集められています。二〇一六年に組織を三部門に切り分け、「Architecture」という部門もつくられた理由について教えていただけますでしょうか。

それまでのライゾマは広告の専門家だと思う人がいたり、アーティスティックな演出を手掛けるところだと思う人がいたり、業界によってラ

[二]——「Research」部門の作品、野村萬斎×真鍋大度「FORM」(映像演出＝真鍋大度/Rhizomatiks Research、二〇一七年)

イゾマの見え方が違いました。そこで三つのわかりやすい入り口をつくったというわけです。

「Research」では研究開発やメディアアート〔二・三〕を、「Design」〔四〕はデザイン戦略や広告プロジェクトを手掛けてます。「Architecture」では新たな建築の概念や都市のあり方を提唱しています〔五・六・七〕。

この「Architecture」を立ち上げるきっかけになったのが、二〇一三年に表参道のGYREで開催された「建築家にならなかった建築家たち展」です。これは建築出身で建築をやっていない人の話を聞いたり、プロジェクトを集めたりしたもので、そのときに「建築」がこれから面白くなるだろうと思ったんです。

またまちづくりが盛んになって、自治体が代理店に相談することが多くなり、これはまずいと思っていたところもありました。だったら僕たちが話を聞いたほうが良いアイデアや体制が組めるかもと思って。

——いったん建築をお辞めになったときと比べて、建築をめぐる状況に何か変化を感じられたのでしょうか。

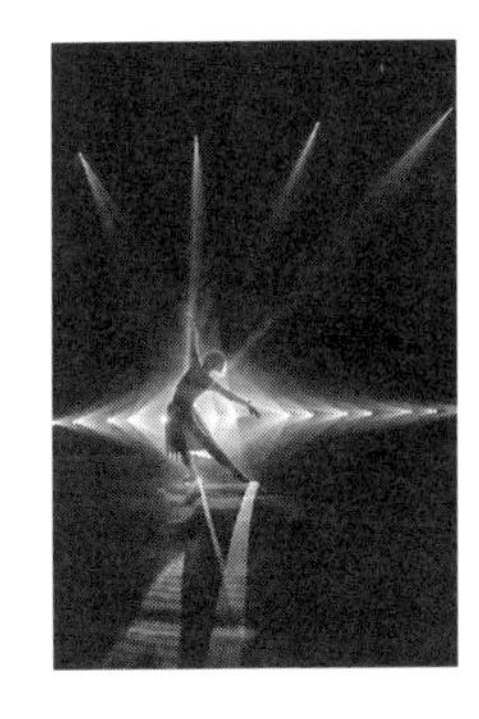

〔三〕——Sónar Festivalにて発表された「phosphere」（Rhizomatiks Research × ELEVENPLAY、二〇一七年）

〔四〕——「Design」部門の作品。「ヴェルディ‖オペラ『オテロ』〈演奏会形式〉」宣伝美術（Art Director + Design ‖ Hiroyasu Kimura／Rhizomatiks Design、3DCG Editor ‖ Tatsuya Ishii／Rhizomatiks Research、二〇一七年）

一つは建築分野の方々が他分野を受け入れるようになったこと。この頃に多かったのがプロジェクションマッピングでファサードを演出するプロジェクトでした。建築とメディアアートが一緒に何かをやる機会が増えて、自分たちのところにも、建築の分野から「こういうことができませんか？」という問い合わせがすごく多くなったんです。僕にとって建築は別れた彼女のような感じでいたのですが、もう一回もしかしたら建築とか都市にコミットすることができるかもしれないと思い始めました。

二〇二〇年のオリンピック開催が決まった辺りから都市の再開発に関する有識者会議に呼ばれるようになったんですよね。会議の場で再開発の内容がどれも似たり寄ったりなのに疑問を感じて「同じような建物ばかり建てるのは誰かが仕切っているんですか？」と聞いてみると、「それは国家戦略特区のガイドラインでそう決まっているから」といった程度の答えしか返ってきませんでした。これは誰かが全部把握して明確なビジョンを打ち出すためにネットワークをつくったほうが良いんじゃないかと。

［五］——Rhizomatiks Architectureと経済産業省との共同プロジェクト「3D City Experience Lab.」で制作した渋谷駅周辺七五〇㎡の３Ｄデータ。データは無料で公開されている

［六］──「3,776‖the digital anatomy ～富士山の解剖学～」（Creative Direction‖齋藤精一／Rhizomatiks Architecture、Project Management‖佐藤大地／Rhizomatiks Architecture、Production Direction‖元木龍也／Rhizomatiks Research、Art Direction＋Design‖小島一郎／Rhizomatiks Design、Visual Programming‖田中陽／Rhizomatiks Research、Web Development‖塚本裕文／Rhizomatiks Design、Photography／Movie‖本間無量／Rhizomatiks Research、2017年）

［七］──「AXYZ」（企画・プロデュース‖Rhizomatiks Architecture）

だったらＩＣＴ[1]やＩｏＴ[2]を利用して全体をもう少し変えていくことはできないかと思ったんです。建築の出身で今は建築をやっていない人間の役割として、ソフトウェアとしての建築を考えたり、都市をＯＳとして捉えたりすることが絶対的に大事だろうと。そんな思いで戻ってきたという感じです。

現在は、まちのブランディングに関わることが多いですね。具体的には、最初の突破口を開くのがわかりやすいミッションで、たとえばエンターテインメントシティにするという方針が立ったら、一発目のイベントを手掛けると、それがベンチマークになって、その場所で何ができるかがわかる。そうすれば次は僕らがやる必要はないわけです。こうした最初の事例をつくることが多いですね。

分野を横断して都市を変える

――都市に関わる仕事を頼まれるきっかけは何かあったのでしょうか。

急に頼まれたわけではなく、そこに至るまでの段階がありました。

1――ＩＣＴ（アイシーティー）＝〝Information and Communication Technology（情報通信技術）〟の略で、通信技術を活用したコミュニケーションのこと。情報処理だけではなく情報や知識の共有を重要視した、ネットワーク通信を利用した産業やサービスなどの総称。

2――ＩｏＴ（アイオーティー）＝〝Internet of Things（モノのインターネット）〟の略で、従来のように人間がパソコン類を使用して入力したデータ以外に、モノに取り付けられたセンサーが人手を介さずにデータをインターネット経由で送信できる状態のこと。

3――「FULL CONTROL TOKYO」＝二〇一三年一月二九日に東京都港区の増上寺で開催されたＫＤＤＩ（株）によるユーザー参加型イベント。きゃりーぱみゅぱみゅが披露する楽曲に合わせ本殿がプロジェクションマッ二〇一三年に、増上寺の壁面にプロジェクションマッピングを投影しながらきゃりーぱみゅぱみゅがパフォーマンスするKDDIのイベント[3]があったのですが、あの頃盛んに都市のメディア化、つまりまちをどうメディア化できるかというテーマが語られていました。僕のようなイベントを開催する側としては、今まで使われたことがないところで、今までにない規模でやりたいじゃないですか。そのためにいろいろ勉強してみると道路占有[4]のような条例が引っ掛かってきてしまう。でも国家戦略特区[5]や特例措置をうまく利用できれば、地元の決裁でクリアできるんです。そうすれば今まで見たことないようなイベントや表現になる。それに取り組んでいたら、あちこちからリクエストが来るようになりました。

そもそもライゾマの活動の最初はウェブの制作が中心でしたが、もっと広告などの企画側に回りたくなって。次には広告企画をつくるというよりも、広告で宣伝する商品自体の話をしたくなって。商品の話をするなら、それを使うシーンとしての人の人生や場所が重要になってくる。すると、その場所をもう少しこうしたら面白いのにと考え始めて、そうなると目の前に法律や条例が壁となって現れてくるわけです。しゃにむに取り組んでいるうちに徐々にそれらを乗り越えられるようになった。

ピングで彩られたり、スマホ向け体感アプリ「ODOROKI」と連携すると参加者がきゃりーぱみゅぱみゅの衣装と会場照明、プロジェクションマッピング、自分のスマホのディスプレイが連動しすべての色が同期するという仕掛けが提供された。このイベントはauのCMに用いられた。

4――道路占有＝建築工事での足場、仮囲い、商店の日除け、突き出し看板など道路上や上空、地下に一定の施設を設置し、継続して道路を使用すること。道路を使用するときは、道路管理者の許可を受ける必要がある。

5――国家戦略特別区域＝第二次安倍内閣が成長戦略の柱の一つとして掲げた、地域振興と国際競争力向上を目的に規定された経済特区のこと。地域や分野を限定することで、大幅な規制・制度の緩和や税制面の優遇を行う規制改革制度。従来の特区が自治体・団体から計画を国に提案するというボトムアップ型の規制改革の取組みであったのに対し、国家戦略特別区域では対象区域の選定に国が主体的に関わることでスピーディに岩盤規制を突破する仕組みとなっている。

だから、一見ジャンプしているようですが、僕のなかでは着実に段階を踏んでいるつもりです。

――なるほど。確かに段階を踏んでいらっしゃいますね。

僕なんかはアーティスト気質なので、つい無茶なことでもやりたいと発言してしまう。そうすると、国の側にもやるべきだと言ってくれる人が結構出てくるんですよ。それで条例改正とか法律改正、もしくは特例措置を出してもらえることになるわけですが、意外にも市区町村レベルの自治体や商店会が反対してくることが多いんですよね。

とくに昔からお住まいの方々は「今までと変えてほしくない」と言われるのですが、「大事なところを変えないためには変わっていかないといけない。では何を変えるべきなのか」という話を自治体の方々によくしています

ただ、事業視点から全部見ていれば良いかというとそうではありません。今の都市開発は驚くほどに事業視点からしか見ていないので、どうもチグハグなことをやっているように思えます。

これからモビリティ（交通）が変わる、インフラが変わる、生活も変わる、少子高齢化が進む……。いろいろなことが起きるので、一分野だけで考える時代は終わっていて、もっと横断的に考えていかないとダメなんですね。

いろいろなものがネットワークされたので、業界的に横断をしていれば、リテール（小売）、モビリティ、ウェルネス（健康）といった諸分野の相関関係が、わかる時代になってきたんです。僕は都市の専門でもないし建築の専門でもないけれども、全体をふわっとわかっているという、そこが僕の強みなんだと思います。

——その強みは、テクノロジーのスキルの有無とは、関係ありますか？

関係ないですね。テクノロジーは空気のように生活に馴染んでいるものなので、たとえば幹線にはセンサーが付いているのが当たり前で、停電になればどこで切れたかが画面で見ればわかるようになっています。三年くらい前までは都市とテクノロジーに関する議論が多かったと思いますが、すでに一段落していますから、今議論されるべきなのは、少し泥臭いことも含めた都市論だと思うんです。デザインで何ができるのかはもうすでにわかってきたのではないでしょうか。

——確かに、近年、マーケティングなどの分野において、企画の段階からデザインの発想を活かそうという動きが見えてますよね。

デザインシンキングですね。IDEO[6]が言うところの。おっしゃる通りですが、日本でシンキングは考えものだなと思っています。というのも、日本の人たちっていくらでもシンキングするんですよ。そうではなくて僕はアクション、つまりどんどん実践しようと言っています。

二〇一八年のグッドデザイン賞の審査副委員長を務めさせていただいたところ、業界横断型の事例ではしっかりしたデザインがたいへん多く見られました。たとえば建築分野で言うと、大阪の堤防のリノベーションの木津川遊歩空間「トコトコダンダン」［八］とか、乾久美子さん等が設計した東北の学校「釜石市立唐丹小学校・釜石市立唐丹中学校・釜石市唐丹児童館」とか。ようやく土木と建築が交わり始めた感があります。

デザイナーの人たちがやるべきことは業界横断型というか、分野横断

6——IDEO＝109頁注5参照。

［八］——木津川遊歩空間「トコトコダンダン」（設計＝岩瀬諒子設計事務所、二〇一七年）

型である、ということが見えてきたんじゃないですかね。

＝やりたいことを見つけやすい環境＝

――ライゾマの組織と規模、スタッフについて教えてください。

「Architecture」「Design」「Research」の三部門は、プロジェクトの種類によって「Research」を入れようとか、「Design」を入れようという具合で、臨機応変に進めています。プロジェクトを進めるときには、個人に任せられる部分は任せたり、適材適所、臨機応変なプロジェクトメンバーを構成したりしています。建築出身のスタッフも何人かいますけど、その領域に留まってはいません。スタッフは全員で四七人で、ほとんど中途です。

また、多様性をもって今の時代にフィットした雇用形態を取っていきます。子どもがいる人には時短勤務にするなど、それぞれの社員にとって働きやすい環境になるよう日々努力しています。

自分自身も、これまでになかったピースが急にはまる可能性があると思います。僕の場合、以前から林業などの一次産業に興味があるのですが、一次産業をやるといったところで会社を辞めるということではなく、柔軟な対応ができると思います。

――プロジェクトによっては自主的なものもあるのでしょうか。

ありります。とくに「Research」部門は自主的に公演を行ったり展示を催したりしています。ほかの部門は基本的には行政なり民間のクライアントから依頼されたプロジェクトです。

――組織づくりをしていくうえで、どういう組織がクリエイティブだと思われますか。

僕らは恵まれていて、やりたいことを見つけやすい環境にいるので、その芽は摘まないことが大事だと思っています。基本的にはやりたいことをやるために仕事をしているので。それはほかの会社ではほとんどあり得ないことだし、モノづくりが好きな人たちが集まっているので、普通の建築事務所だったら独立することもありますけど、誰も辞めないですね。

――自分のやりたいことができているから。

もしくはこのなかでやりたいことが沸いてきちゃう。ライゾマがそういう存在になっているので。

とは言っても、経営者としては時代が変わっていくなかでその環境をずっと保持するためにはどうすれば良いかを見極めなければいけないと思っています。これからのヴィジョンをどう見るか、スタッフたちにどう見せるか、これらが今僕ら経営陣の課題になっています。

――四七人は結構な数ですよね。個々のスタッフに対する評価はどうされているのですか。

それぞれに能力も違うしやっている案件の幅も広いので、年に一回評価面談を行っています。

スキルがどんどん向上していって今までつくれなかったものがつくれるようになるとか、今までの規模以上のものができるとか、そういった結果を評価に反映しています。一方では未来評価といって、今稼いでいるモノも大事だけど、今後評価されるモノをつくっているということも、立ち上げたときから一つの評価基準になっていると思います。

＝エリアの役割を生かした都市開発を＝

――東京オリンピックに向け東京では再開発が進んでいる状態で、齋藤さんもそれにいろいろ関わられているとのことですが、今後東京がどのような都市になっていくと良い、こういう都市が楽しいのでは、というご提案はありますか。

渋谷未来デザイン（ＦＤＳ）というところにデザイナーとして参加していて、渋谷区の話とかも聞いていますが、渋谷も綺麗になり過ぎると文化が流れちゃうし、ちゃんと余白を残してもらいたいと思っています。

それぞれのエリアの役割は残してほしいですよね。たとえば秋葉原だったら電気街とオタク街ですよね。

開発をするとみんな同じ方程式を使っているので、だいたい低層部には運営に都合の良い、三〇〇坪ぐらいの商業施設の路面店を入れようとする。するとテナントには同じようなアパレルが入って、どうしても似たり寄ったりになってしまう。

それが僕は信じられなくて、もっと、その場所にあるべき文化施設や商業施設を考えないと、東京が大きなショッピングセンターみたいになると思うんですよ。

――大事なポイントですね。

場所の特性に応じたキャラクター分けをやるべきだと思いますね。僕はデベロップ横断型と言っています。たまに現場レベルでは話すのですが、企画の段階ではいろいろな立場の人が顔を合わせても、誰も仕切ろうとしないんですよ。手の内を明かさないというか。

――齋藤さんが携われば変わりそうですか？

僕だけじゃ無理でしょうね。この前もあるまちのプロジェクトで、何か提案してくださいと言われたときには、すでに区との調整も終わってアウトラインはすでにできた状態でした。そうなったら、根本的な部分は覆そうと思っても覆せないんですよ。

初期の企画の段階からもう少し違うチーム編成で、建築をよくわかりつつ法律にも強い人がいるようなチームであれば、違う結果が出せると思いますね。ただ、デベロッパーも今までの方程式が通じないというのがわかってきたと思います。

――二〇二〇年に向けた都市計画では何か特別な仕掛けを考えられていますか?

都市をメディアとして使おうとしています。道路もそうだし、まちの風景もそう。それができれば、今後のレガシーとしてちゃんと残っていくような気がします。

というのも、僕の思考があるときからカタログ的に考えるのをやめようという方向にスイッチが入ったんです。つまり、いきなり僕らが事務所の前でイベントを開きたいと言っても絶対無理ですよね。でもイベントを開きたい場所が区道だったら区役所に行って企画を説明して、警備員を何名付けるといった条件付きで了解を得ればいい。

イベントを開くためには誰を説得しないといけないのか考える方向に変わったんですよね。こんな具合に、どこでも知恵の輪を解くような解法があるわけです。とくに行政の場合は一回実現できれば二回目もやらせてくれることが多いですから。

――それはライゾマならではの視点ですね。

僕らは建築の設計をする気はさらさらないんです。「Rhizomatiks Architecture」はアーキテクチャーではなく、アーキテクチャ。つまりシステムというかフレームワークを組めるかどうか、ですから。

建築家が必要な場合は建築家を入れます。今クリエイティブ・アドバイザーとして携わっているドバイ万博では、危うく建築家がいないまま進みそうだったので、それはあり得ないということで、二週間で設計プロポーザルの募集をした結果、永山祐子さんに決まりました。

――現在、建築家の担っている役割はどのようなものだと思われますか。

一昔前の建築家って、建築の設計以前にも多くの仕事があったじゃないですか。都市的なマスタープランを策定したり、もしくは文化的なビジョンを示したり。その当時は業界横断型で渦の中心にいることができる人たちだったと思うんですよ。

それが現状ではずいぶん変わってしまい、とくに大規模プロジェクトでは表層を取りまとめるだけの職能となってしまった。たとえばマーケティング会社と組むなりして、お互いの得意な部分を活かしつつ、建築家ももっとプロジェクトの基幹部分に意見を唱えられる機会をもつべきだと思います。

＝「上流」から考えさせる建築教育を＝

――建築教育について、こういうところは変えたほうが良いなということはありますか？

設計課題で、よく美術館とか駅とか出されますよね。出題されたものを解くのも大事ですが、個人的にはなぜ今美術館が必要なのか、駅が必要なのか、もう少し「上流」のところから考えさせないといけないし、形の話より、どうやってこの施設を継続的に運営させるかなどソフトウェアの話をしたほうが良いと思います。まあ、以前に非常勤講師でそんなことやっていたら建築の先生から怒られましたけど（笑）。

——建築の学生には、どのようなことを伝えていますか？

学生に言っているのは、「今一番面白いのは地方銀行か地方行政だから。就職したらいろいろなことができるよ」と。悲しいことに建築家は、現在は大規模プロジェクトでは最後のまとめで登場する人物、フィニッシャーですから。都市計画のマスタープラン策定や土地の有効活用対策という意味で、地方行政に専門分野をもつすごく面白い人たちが入っているんです。

海外でも同じことが起こっています。たとえばスペインの現役有名建築家はほとんどが市役所出身者なんですよ。建築の建て方や法律、関係書類のつくり方までをきっちり学んだうえで独立しているんですよね。

翻って日本を見ると、容積も用途もある程度決まった段階から建築家が入ることになってる。それは車のデザインと共通するところが多くて、つまりフォームやシェイプがほとんど決まっていて、最終的にその上のスキンだけ決めるのがデザイナーの仕事になっている。そうするとみんな同じ建物になってしまうんですよね。

でも本当は、この敷地に建つ意味とか、現代に建つ意味とか、長いタイムスパンだからこその役割があるはずだからそれを考えてほしいと学生に話していますね。全然理解してもらえないのですが（笑）。

「大人の事情」を取っ払う

――今後の展望を教えてください。

あるべきものがある時代になってほしいと思います。

僕にはおぼろげに都市のヴィジョンがあり、それが実現したほうが絶対にバランス的に良いと思うんです。そのためには税制優遇や法律の改正、海外企業の日本への誘致といった施策が必要となるので、それには国が動いてくれないと変えられないかもしれません。

もちろん僕だけでなく、おそらく誰もがおぼろげにまちの姿や日本の姿に対するヴィジョンがあると思うんですよ。都心に住む人、地方に住む人、職業でも農業、林業、製造業などなど、それぞれ直面している問題は人によって違いつつも、共通認識としてこれは良いという都市像があると思うんです。

その部分を僕自身が追求していきたいのと、それを実現するために「大人の事情」を取っ払いたいんですよね。「大人の事情」で電車が通っているところと通っていないところがあったりしますよね。そういったものをいろいろと解決できたらと思っています。

そのためにも、もう少し業界を横断するような考えをもちながら、建築とは違う意味のフルスタックのアーキテクチャーがつくれないかなと思っています。

建築にだけ軸足を置いているわけじゃないし、広告も作品的なものに軸足を置いている会社だからこそ見える風景があると思うんです。

interview 5

エネルギー関連の
デザインリサーチから
建築企画の上流を目指す

蘆田暢人
［蘆田暢人建築設計事務所］

ENERGY MEET ＋ Future Research Institute(FRI)

エネルギーを切り口にしたまちづくりや設計で活躍する蘆田暢人氏。自ら立ち上げたエネルギーをデザインするための組織ENERGY MEETや、地域のデザインリサーチを行うFuture Research Institute（FRI）との連携で、次に目指すものを聞いた。

Organization Data

構成＝ワントップの組織。蘆田暢人がすべてのプロジェクトを見ながらスタッフが実務を担当。

メンバー＝計9名、うち正社員6名、非常勤3名。非常勤は設計スタッフ1名、CG専門スタッフ1名、デジタルファブリケーション専門スタッフ1名。

その他＝エネルギーデザインの組織「ENERGY MEET」とデザインリサーチの企業「Future Research Institute（FRI）」と連携を図る。

蘆田暢人

一九七五年京都府生まれ。一九九八年京都大学工学部建築学科卒業。二〇〇一年京都大学大学院工学研究科建築学専攻修士課程修了。二〇〇一〜一一年（株）内藤廣建築設計事務所勤務を経て、二〇一二年（株）蘆田暢人建築設計事務所を設立、また（株）ENERGY MEETをオオニシタクヤと共同設立、二〇一八年にFuture Research Institute（FRI）を紫牟田伸子、オオニシタクヤと共同設立。二〇一七年より千葉大学非常勤講師。

＝エネルギーをデザインしたい＝

――二〇一二年に蘆田暢人建築設計事務所（以下、蘆田事務所）とENERGY MEETを、二〇一八年にFuture Research Institute（以下、FRI）を立ち上げました。それぞれを立ち上げるまでの経緯を教えていただけますか。

京都大学大学院を卒業後、一〇年間勤務していた内藤廣建築設計事務所を退職し、まず二〇一二年二月に蘆田事務所を立ち上げました。ENERGY MEETは、今は慶應義塾大学環境情報学部准教授のオオニシタクヤ[1]とタイにいるイタリア人建築家のAlvaro Contiと三人で立ち上げました。活動を開始したのは二〇一〇年ぐらいからで、株式会社化したのは、僕が自分の事務所を立ち上げたすぐあとの二〇一二年五月です。

僕とオオニシは大学在学中に、ロンドンのAAスクールで出会いました。彼はAAスクールを卒業後タイに行ったのですが、それからもずっと、何か面白いことをやろうとコンタクトを取り続けていて。それがもとで僕が日本、彼がタイにいながら、ENERGY MEETを始めました。

1――オオニシタクヤ＝建築家、慶應義塾大学環境情報学部准教授。一九七一年生まれ。二〇〇一年軽量、モバイル建築に特化した建築設計事務所launch pad 05を設立。同年タイに渡り現地のKMUTT大学の建築学科にて、専任講師として緊急援助や被災者用仮設住宅のプロトタイプを提案。二〇一二年ENERGY MEET共同設立。

ＦＲＩはデザインプロデューサーとして活躍されている紫牟田伸子さん[2]と一緒に始めたデザインリサーチの会社です。紫牟田さんとは以前から親しくさせていただいていて、事あるごとにENERGY MEETの活動などにアドバイスをもらったりしていました。建築の設計やまちづくりのプロジェクトに関わるリサーチ作業を強化したいという相談を紫牟田さんにして、いろいろと話をしているなかで会社を立ち上げようということになりました。

ENERGY MEETの活動などでまちづくりの仕事が増えてきたので、僕としてはこの組織を布石にそれをさらに発展させようという目論見で立ち上げました。

――ではまずENERGY MEETを立ち上げた理由から教えていただけますか。

建築設計をやっていくなかで、建築を取り巻く技術にどう向き合うか、新しい技術をどう取り入れるか、ということに昔から興味があったというのが、そもそものベースにあります。内藤事務所に入ったのも、内藤

2――紫牟田伸子＝編集家、プロジェクトエディター、デザインプロデューサー。二〇一一年より個人事務所を設立。企業や社会・地域に適切に作用するデザインを目指し、企業や地域の商品開発、ブランディング、コミュニケーション戦略などに携わる。

さんが技術に関してかなり積極的に取り組んでいたからです。

内藤事務所では建築だけでなく、土木や地域計画の仕事にも携わっていたのですが、現代社会を根本的に支えている電気やガスなどのエネルギーの存在があまりにも当たり前のように扱われていることを感じ、エネルギーがなければ都市機能は完全に破綻してしまうのに、たとえば電力会社が提供している電気をただ単に購入するという仕組みだけでよいのだろうかと考え始めました。

僕が独立する前年の二〇一一年に東日本大震災が起こりました。それまで原発や火力発電に依存していた日本の電力供給システムに国民が不安を覚え始め、自然エネルギーに対する関心が高まり始めました。翌年、FITと呼ばれる電力の固定価格買取制度ができ、再生可能エネルギーの普及を促進する流れができました。原子力や火力のように国家規模のプロジェクトでないとできないような発電ではなく、太陽光発電や小水力発電、バイオマス発電のような簡単に人の手でつくれるような発電システムが実用化されてきたので、もともと考えていたエネルギーのデザインをやるのはこのタイミングだと思いました。

人と技術やモノをつなげるのがデザインだと思うのですが、それは建築だろうが、土木だろうが全部一緒。人との関わりでしか、デザインというものは生まれてきません。逆に言えば、エネルギーは人と関わる以上、デザインが必要になるべきというのが最初の仮説でした。

——ENERGY MEETの活動は、どんなことから始められたのですか。

最初は二〇一〇年、タイのバンコクデザインフェスティバルへの出展［一］でした。これは国が絡むぐらいの大きなイベントで、日本でもよく東京ビッグサイトでイベントがありますが、あのようなイメージです。こういった大きなイベントでは、電気をたくさん使い、大量のゴミも出ます。僕らが行ったインスタレーションでは、太陽光パネルで発電してエネルギーを自己完結させ、使う材料はすべてリサイクルしてゴミも出さないというシステムをつくりました。

タイの明治乳業さんからいただいた空のミルクボトルを使い、片面にシールを貼って動かすというアナログな仕組みでメッセージを表示するインスタレーションで、ＺＩＩＢ（Zero Impact Information Billboard）と名付けました。人がキーボードで打ったメッセージをミルクボトルのビ

［一］——バンコクデザインフェスティバル出展作品「ＺＩＩＢ」（ENERGY MEET、二〇一〇年）

ルボードで表現するというものです。ボトルを動かすプログラムはタイの大学のロボット工学の研究者につくってもらいました。一見ローテクに見えますが、一瞬で三〇〇個のセグメントを同時制御するというプログラムは高度な技術が必要でした。

イベント終了後は、実際にはステッカーなど多少のゴミは出ましたが、ミルクタンクはリサイクルに回し、ソーラーパネルはフレームも再利用できる設計になっていましたので、タイの電気のない山村の小学校にフレームを組み替えてソーラーパネルと一緒に寄付するというかたちで利用されました。モーターや電子系の部品は、一緒に活動してくれた大学に寄贈し、最終的にほぼすべてを再利用できました。

自然エネルギーで自給率一〇〇%を目指しスタート

――タイのバンコクからENERGY MEETの活動が始まったということですが、日本ではどんな活動をされたのですか。

日本での最初の活動は長野県小布施町のまちづくりで、今も続いています。きっかけは、二〇一一年の東日本大震災のあとに開催された、AXISギャラリーでの「POST 3.11 これからデザインにできること展」の連続トークイベントに招かれたことです。「エネルギー」をテーマにした回だったのですが、三〇代で「自然電力（株）」[3]というベンチャー企業を立ち上げた磯野謙社長[4]と、千葉大学で環境経済学を研究されている倉阪秀史先生[5]と三人で鼎談をしました。デザイナー、事業者、学者というそれぞれ異なる立場の三人でしたが話が合い、三人とも単なる再生可能エネルギーの発電事業ではなく、地域に根づいた自然エネルギーの使い方を漠然と考えていたんですね。やがて磯野さん経由で、同じようなことを考えていた小布施町の市村町長とつながりができたんです。

市村町長からは「ただ単に行政が再生可能エネルギーの発電所をつくり、そこから地域に電力を供給するという仕組みをつくりたいわけじゃない。プロセスから地域の住民と一緒に考え、上からのトップダウンではなく、みんなで考えたものが最終的に事業になるという仕組みを考えてもらえないだろうか」と言われました。小布施町は中部電力（株）から電気を供給されていますが、そこから自立し、一〇〇%町内の電力を

3――自然電力（株）＝二〇一一年六月に磯野謙、長谷川雅也、川戸健司により創立された、福岡に本社を置く電力会社。太陽光・風力・小水力等の自然エネルギー発電所の発電事業（IPP）、事業開発、個人・法人向け電力小売事業等を行う。

4――磯野 謙＝自然電力（株）代表取締役、juwi（ユーイ）自然電力（株）取締役。一九八一年生まれ。（株）リクルートにて広告営業を担当後、風力発電事業会社に転職し、全国の風力発電所の開発・建設・メンテナンス事業に従事。二〇一一年六月東日本大震災を機に自然電力（株）を、二〇一三年一月juwi自然電力（株）を設立。

5――倉阪秀史＝環境経済学者。千葉大学法政経学部政治学・政策学分野教授。一九六四年生まれ。

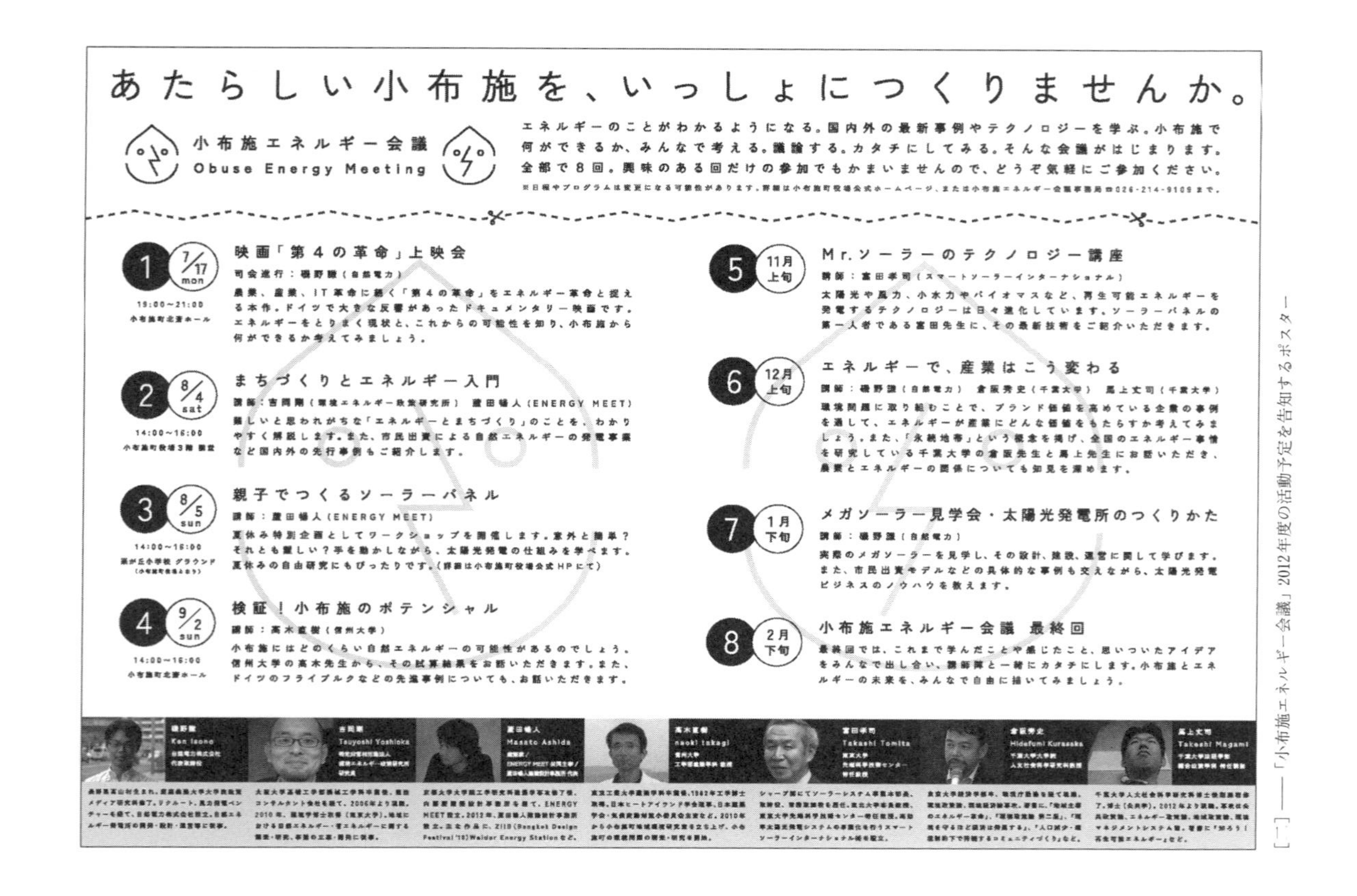

［二］——「小布施エネルギー会議」2012年度の活動予定を告知するポスター

自然エネルギーで賄うことを目標に掲げた、小布施町のエネルギーまちづくりが始まりました。

――具体的には、どのような活動からスタートされたのでしょうか。

まずは地域住民が参加できる「小布施エネルギー会議」という会議の運営組織をつくることを提案し、二〇一二年六月に会議の場を立ち上げました［二］。

その後「自然エネルギーってどういうものだろう?」をテーマにいろんな活動を行いました。最初はとっつきやすいようにと映画上映会を開催し、大学の研究者や専門家などを呼んで自然エネルギーに関する講義を行ったり「親子でつくるソーラーパネル」という子ども向けのワークショップも行いました。次にディスカッションの段階に入り、どのようなエネルギーを利用し、町内のどこにそれらの発電設備を置き、そこでできた電力をどのように使うかを考えるワークショップを開催しました［三］。

また、信州大学建築学科の高木直樹先生[6]が、小布施に最適な自然エネルギーのデータ検証を行われていたので、ご協力をいただき、バイオマ

［三］――小布施町での発電施設を考えるワークショップ

6――高木直樹＝建築学者（環境工学）、信州大学工学部教授。一九五三年生まれ。長野市をおもな対象地域としてヒートアイランド、環境騒音、気象、植生量などの都市環境を調査する。

スと小水力、太陽光に可能性があることがわかりました。ほぼ毎月何かしらの活動をしていましたから、密度の濃い一年でしたね。

――エネルギーについて検討する際には、蘆田さんは設計者として、どのような立場で参加しているのですか。

建築設計では、クライアント、施工会社、職人などさまざまな立場の人たちとコミュニケーションをとって一つのものをつくります。関わっている人たちからいろいろな話を引き出し、彼らの思いやスキルなどをすべて集めて、それをまとめて形にするのが建築家の仕事ですし、建築家の基本スキルだと思ってます。

エネルギーについて検討する場でも同じです。エネルギーについては素人の町の人たちと、エネルギーの専門家が話をすれば、噛み合わないのは当然です。どういう場所でどういうものが目の前にあれば、この両者で話が可能かを考えてその場をつくり、そこで出てきたものをまとめて形にしています。

具体的には、最初の目標として一〇〇%自然エネルギーにするための

ステップイメージをつくりました。またどこにソーラーパネル群、バイオマスエネルギーの拠点、小水力発電の施設を置いていくかという都市計画的な提案を地元の方と話し合ってまとめてもいます［四］。

――二年目からは、どのような活動をされたのですか。

二年目からは、バイオマスエネルギーの検討も始めました。小布施は栗と林檎の産地で果樹園がたくさんあるので、果樹を剪定した大量の枝を燃料に使えます。小布施は花にも力を入れていて、花の販売や育成のための施設や温室も町がもっています。これらは冬場に大量の灯油を必要とする施設なので、これらの施設にバイオマスエネルギーを導入する検討をしようということになりました。具体的な設備を考え、蘆田事務所で業務を受けて二〇一五年に「小布施フラワーセンター」の計画を行いました。

この計画では、バイオマスエネルギー利用で用いる剪定枝を集めるスペース「小布施エナジーハーベスト」［五］を提案しました。剪定枝を農家

［四］――小布施町の自然エネルギーの拠点計画案

［五］――「小布施エナジーハーベスト」模型（ENERGY MEET、二〇一五年）

に持って来てもらえば町の回収費用の負担がなくなるので、自主的に持って来てもらえるように、お茶を飲めるようなコミュニティスペースも兼ねた、観光客ともコミュニケーションを取れるようなスペースを考えました。

また、小布施エネルギー会議の活動として、協働している千葉エコ・エネルギー（株）が中心となって、林檎と栗農家の方々に、現在は剪定枝をどうしているか、バイオマスエネルギーの仕組みができたら協力してくれるかなどのアンケートも取っています。

小水力発電についても検討しました。調査をしてみると、小布施を流れる松川という川が高い小水力発電のポテンシャルをもっていました。そこで小布施町の協力を受けながら、長野自然電力（同）が事業主となって、小水力発電所をつくるプロジェクトが始まりました。松川の用水路の川上から取水し、土地の高低差による位置エネルギーを利用して、川下の水車（タービン）を回して発電する仕組みです。この「小布施松川小水力発電所」[六]をやはり蘆田事務所で設計して、竣工したところです。現代では都市部から離れた場所に建設され、人の生活と関わることのほとんどない発電所を、明治時代のように町なかに建て、人の生活と

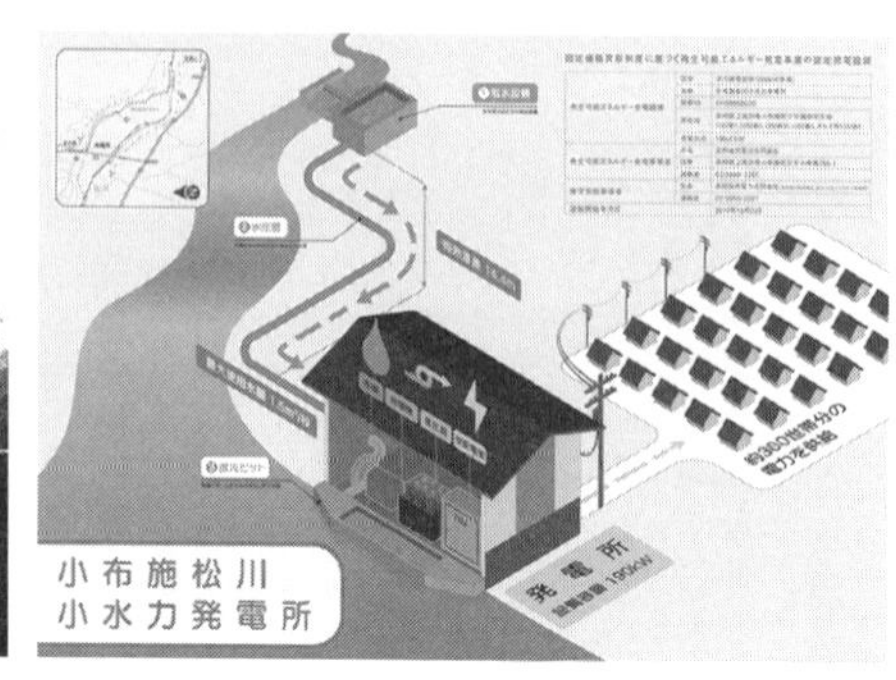

共存することを目指しました。敷地内には子どもたちに環境教育を行うための、公園スペースも設ける予定でいます。発電所にはほとんど窓がないため無表情になりがちです。まちに対して無表情にならないよう、小布施にある伝統的な建物のデザインコードと色彩を利用しながら、発電所としての顔をもつような建物としました。

エネルギーに関する相談が蘆田暢人事務所にも

——ENERGY MEETの活動から派生した建築設計の仕事には、ほかにどのようなものがありますか。

新潟県十日町市松之山温泉の景観整備に関するプロジェクトがあります。

(一社)雪国観光圏[7]のアートディレクターであるフジノケン[8]さんから、声を掛けていただいたことがきっかけです。それまで雪国観光圏の活動は、ソフト事業中心で活動されていたのですが、海外の人にとって魅力的な観光地となるためには、ソフトだけでなく、場所として魅力的な美

［六］——「小布施松川小水力発電所」(設計＝蘆田暢人建築設計事務所、二〇一八年)発電システム(右)と外観(左)

7——(一社)雪国観光圏＝二〇〇八年設立された新潟県南魚沼郡に事務局をもつ観光地域づくりプラットフォーム(二〇一三年に(一社)雪国観光圏へ移行)。新潟県魚沼市、南魚沼市、十日町市、湯沢町、津南町、群馬県みなかみ町、長野県栄村の七市町村を圏域として、雪国であることを武器に観光地としての魅力向上のためのブランディングや人材育成等を行い観光を軸にした地域振興を推進する。

8——フジノケン＝クリエイティブディレクター、(株)4CYCLE代表取締役。一九六九年生まれ。(株)読売広告社クリエイティブ局勤務を経て二〇〇七年独立、新潟県津南町に移住。二〇〇八年(株)4CYCLE設立。コミュニケーション全般のクリエイティブに関わる。

しい景観をつくっていかなければダメだということで、二〇一三年に蘆田事務所に直接、声が掛かりました。小布施での活動に興味をもっていただけたようです。

松之山温泉の人たちは、冬の時期に積もる大量の雪や除雪車に街路樹やストリートファニチャーなどを壊されてしまうので、景観についてはこれまで諦めていたのですが、温泉熱のエネルギーを利用した消雪パイプの敷設をきっかけにチャレンジする雰囲気が生まれました。僕らは街路灯のデザインのほか、「消雪施設機械格納庫」［七］、「里山ビジターセンター」（改修）［八］の設計を行いました。

現在では、消雪パイプのおかげで植えることができるようになった街路樹の雪除け「SNOW COCOON」［九］や、まちの旅館や飲食店などに統一したデザインののれんを掲げる「店先ののれん」プロジェクトを進めています。

［七］——「消雪施設機械格納庫」（設計＝蘆田暢人建築設計事務所、二〇一五年）

［八］――「里山ビジターセンター」（設計‖蘆田暢人建築設計事務所、2016年）

［九］――「SNOW COCOON」イメージ（蘆田暢人建築設計事務所）

シンクタンクを目指して
デザインリサーチの会社を設立

――FRIの具体的な業務を教えていただけますか？

この会社は、まずは蘆田事務所やENERGY MEETの業務の一部を担当するかたちを取っています。まちづくりや地方の建築の設計では、気候風土や、まちの個性や歴史文化、産業などの情報をまずリサーチして、それをデザインに落とし込む必要があるのですが、そのためのリサーチはかなりのボリュームになるので、それをプロジェクトの設計担当者がやるには負担が掛かり過ぎます。

また、いくらインターネットが発達しているとはいえ、誰でもできるというものではないんですね。どういうところから探り、どういう情報を集め、その集めた情報をどう料理するのか。たとえば、プレゼンするにしても、ただ大量のテキストや数字をもってこられても使えなくて、それをどう要約して、どういうかたちにまとめるかというスキルが必要なんです。ですからそれだけを担当する会社をつくり、専属のスタッフを付けたほうが効率的と考えたわけです。

――それでは、その三つの会社の関係性は、どのようになっているのでしょうか。

エネルギー関連で仕事を受ける蘆田事務所とENERGY MEETの関係は結構あいまいで、設計業務が生まれればそれは蘆田事務所で受け、そのほかのソフト的な仕事はENERGY MEETで担当することが多いですね。

ＦＲＩは、それぞれのプロジェクトのリサーチを担当しています。今はプロジェクトが先にあって、そのためにＦＲＩでリサーチをするという流れですが、今後は、ＦＲＩでもコンサルティング業務を受けていき、そこから具体的な提案を蘆田事務所やENERGY MEETが行っていくという逆の流れをつくっていきたい。

いわゆるシンクタンクとしての会社を目指しています。たとえばまちづくりの場合、いきなり設計事務所が建物ありきのまちづくりの話をすると引かれてしまうことが多いのですが、もっとニュートラルな立場であるデザインリサーチの会社がまちに入って相談に乗り、「この空間を美しくすると効果的がありそうですね」などと提案し、そのような話が実現するときに蘆田事務所が、エネルギー絡みのソフトの提案の場合には、ENERGY MEETが入っていくというような流れにできれば、理想的ですね。

——三つの組織それぞれの運営について教えていただけますか。蘆田暢人事務所の業務はどのようなものが中心ですか。

蘆田暢人事務所は、まちづくり、土木のデザイン、インテリアや家具デザインなども受けてますが、やはり建築設計が業務の中心です。

現在、業務として委託されてるプロジェクトが大小一五件くらいで準備段階で未契約のプロジェクトが五件くらい。常勤の設計スタッフは六名です。あとは非常勤で、設計スタッフが一名、CG専門とデジタルファブリケーション専門が一名ずつです。一級建築士は僕ともう一名です。

基本的にすべてのプロジェクトを僕が見ていて、それぞれの担当者が実務を行うというかたちです。設計スタッフ一人が二つか三つの案件を抱えています。今の設計事務所の組織は一トップですので、古いタイプですね。現在はスタッフが皆若く、事務所が軌道に乗り始めて三年ぐらいなのでこのかたちですが、いずれ変えていきたいです。

――スタッフを採用する際にはどのような能力を重視されてますか。

図面が描ける、デザインができる、プレゼンテーションがうまいなどのスキルはもちろん最低限必要ですが、一番大切なのはコミュニケーション能力です。建築は、考えたことがクライアントや、ゼネコン、職人たちに伝わり、共感を得られなければ実現できないので、人を巻き込んでいく能力が最も重要だと思っています。それはもちろん、個人のキャラクターにもよるのですが、加えて人生経験で培われるものだと思います。若い人にはいろいろなところへ出掛けて、いろいろな人と出会い、いろいろなことを見ていく経験のなかで、そういう能力を身に付けていってほしいですね。

――フィーについてはどのような方法で決めてますか。

プロジェクトの規模で決めています。基本的には国交省の告示[9]ベースですが、住宅などで告示でうまく算出できないときは、工事費の一〇%などという料率で決める場合もあります。告示でも料率[10]でもうまく計算できないときには、作業量の積み上げで算出するなど、プロジェクトの質や内容によって適宜クライアントに提案しています。

——ENERGY MEETについてはいかがでしょうか。

ENERGY MEETには正社員はおらず、僕とオオニシだけなので、プロジェクトごとに専門家と契約しています。そのほか慶應のオオニシ研究室の学生をアルバイトとして雇ったり、蘆田事務所やFRIのスタッフが作業を担当したりしています。

社会貢献プロジェクトやイベントを多数行なっていて、今は「ENERGY Gift」というタイの電気がない島に電気を届けるというプロジェクトや、異分野の人たちにエネルギーについて語ってもらう「ENERGY DESIGN HUB」というトークイベントを進めています。文芸評論家や、グラフィックデザイナー、宇宙技術開発者、建築家などにエ

9——告示＝平成二一年国土交通省告示第一五号に準拠し、設計料＝直接人件費＋特別経費＋技術料＋諸経費の式で設計料を求める方法。

10——料率＝建築工事費に対して一定の割合で設計料を求める方法。

ネルギーを語ってもらうのですが、それができるのも、エネルギーがすべての人にとって身近なものだからですよね。第一回は、国際交流基金アジアセンターの補助事業の一部として補助金を利用して開催しました。第二回は、民間のスポンサーに協賛というかたちで入っていただくために交渉中です。

また、エネルギーの問題は企業としてもクリティカルなようで、たとえばガソリン自動車の部品製造の下請会社は、自動車がすべて電気自動車になるとつぶれてしまうという危機感があるわけです。そういう会社で、事業開発のお手伝いまではできませんが、どういう思考をすれば、新しい事業を社員のなかから生み出せるかというワークショップ（プロジェクトデザイン・コンサルタント）もやっています。

——ENERGY MEETの収入と支出のそれぞれのバランスはいかがでしょうか。

収入については、まちづくりの仕事が年によって波があるのでだいたいになりますが、まちづくりが半分くらいで、四分の一がプロジェクトデザイン・コンサルタント、残りの四分の一が補助金や寄付、講演料などの雑収入ですね。支出については、常勤はいませんが、プロジェクトごとに契約して専門家を入れるので、人件費が半分以上になりますね。残りの一五％ぐらいが交通費で、その他三五％が諸々の経費や材料費となります。社会貢献プロジェクトやイベントなどにお金が掛かるので、全然儲かってなくて、収入と支出はほぼトントンです。

気候風土を建築に落とし込む際に
ENERGY MEETやまちづくりの活動が役立つ

——ENERGY MEETやまちづくりの活動が、自身の建築設計に対してどのようにフィードバックされてると思いますか。

ただ良い建物を建てればいいという時代ではなくなっていると感じています。公共建築の設計にしても、設計に至るまでのプロセスが重要になってきていて、住民ワークショップで住民の意見を取り入れることは必須ですし、建物の使い方だけではなく、まちのなかでその建物がどう位置づけられるのかまで説明しなければなりません。そのためには、自分のフィールドも広げなければならない。建築設計以外のフィールドで培った知識が、建築設計の仕事に影響を与えると思っています。

それに僕は、建築の一番大きな要素って、気候や風土にどう建物が向き合うかだと思っているのです。ですからその土地に合った方法でないとうまく設計できない。地域の気候風土に建築を落とし込むうえで、ENERGY MEETやまちづくりの経験が役立ってると思います。

——最後に展望を教えてください。

現状、建築は場所や用途や規模が決まったところで、最後に建築家が入って設計するというかたちですが、それでは、まち全体を考えたときに、良いまちにはならないと思うのです。建築だけが頑張ったところで、うまくいきませんから。そのため最初の企画の段階から関われるように、新しくＦＲＩを興しました。ただほかにも何かやる必要があると思います。設計より上流のほうでも提案ができるように活動の幅を広げていきたいですね。

interview 6

研究室でリサーチやコンサルティングを担い、良い設計与件をつくっていく

落合正行
［日本大学理工学部まちづくり工学科 落合研究室］

PEA... / 落合建築設計事務所

リサーチやコンサルティング等研究業務を大学の研究室で受託し、さまざまな専門家とコラボレーションしながら、最適な設計与件をつくり出す落合氏。設計業務は自身が立ち上げた設計事務所で受ける場合もあれば、ほかの建築家と組むことも多いという。そのスタイルを取る理由を聞いた。

Organization Data

構成＝ワントップの組織。自治体や建設コンサルタント、ランドスケープデザイナーなど外部の専門家や学生と協働。

その他＝プロジェクトで生じた建築設計の業務は落合正行が立ち上げたPEA... / 落合建築設計事務所や他設計事務所に委託。

落合正行

一九八〇年三重県生まれ。二〇〇三年日本大学理工学部建築学科卒業、二〇〇五年日本大学理工学研究科博士前期課程建築学専攻修了後、二〇〇五～一一年（株）山中新太郎建築設計事務所を経て、二〇一一年PEA…（現PEA…／落合建築設計事務所）設立。二〇一二～一四年日本大学理工学部理工学研究所研究員、二〇一四～一九年日本大学理工学部まちづくり工学科助手、現在、日本大学理工学部まちづくり工学科助教。二〇一八年日本大学博士（工学）取得。

コミュニケーションを形にしたい

――「PEA…」という事務所名はユニークですが、どのような由来なのでしょうか。

「PEA」というのは、英語で「豆」という意味なんです。豆って茹でると枝豆になったり、煎ると黄粉になったり、醤油や豆腐など、いろいろなモノに化けますよね。豆のように多様な建築の捉え方をしたいと、学生の頃から思っていました。

――その頃はどんな学生だったのですか。

大学院一年生の頃、「代官山インスタレーション」というアートコンペに選出され[一]、三人でユニットを組み、出展をしました。じつは、「PEA…」はそのときに付けたユニット名なのです。都市を行き交う人のコミュニケーションを顕在化させるような作品でしたが、そういったものを建築に取り入れたいとずっと思っていたので、インスタレーショ

[一]――PEA…による「代官山インスタレーション」選出案（PEA…、二〇〇三年）

ンを建築のような思考過程でつくっていったのです。

——二〇〇五年に大学院を修了され、山中新太郎建築設計事務所に入られたということですね。

山中先生の事務所は約六年間勤めました。事務所ではおもに戸建住宅や集合住宅の設計・監理の経験を積むことができたのですが、事務所で初めて触れたまちづくりに、大きな影響を与えられました。

事務所では二〇〇二年から静岡県下田市で空き家調査や歴史的建造物の調査、景観計画づくりなどが行われていて、僕は途中からスタッフとしてこのプロジェクトに関わりました。

——その下田市のまちづくりはどのようなことを行っていたのですか。

地元住民ではなく、あくまでも余所者（よそもの）としての目線で、まちに残された歴史的な建造物などを評価し、世界遺産ならぬ「まち遺産」と称して地域固有の景観を、観光資源につなげようとしていました。下田市には瓦と漆喰でできたなまこ壁の建物や、伊豆石でつくられた蔵などが残っているので、そのような古い建物を発掘して、いかにして活用していくのかなどを検討していました。

そのなかで「旧澤村邸」という市に寄贈された築一〇〇年近い邸宅を、観光客の無料休憩施設にリノベーションしたり、公衆トイレの新築の設計などを担当しました[一二]。ここでは、なまこ壁を保存しつつ地域への波及効果を狙って、汎用性のある改修方法を選択したり、構造実験をして伊豆石の壁がどこまで構造性能があるかの検討もしました。この山中事務所でのまちづくりの経験を活かしながら、以前から考えていたコミュニケーションを形にする仕事をしたいと思うようになり、二〇一一年に独立しました。

＝「農」をテーマに住宅地を再生＝

――リサーチからコンサルティング、デザインまでと一連の流れを担っていらっしゃいますが、この業態はいつから始められたのでしょう。

[一二] ―― 静岡県下田市のまちづくりの際に改修で携わった「旧澤村邸」と「ペロード公衆トイレ」（ともに設計＝山中新太郎＋落合正行／山中新太郎建築設計事務所、二〇一二年）

きっかけは、二〇一四年から実施した「あだち農まちプロジェクト」［三・四・五・六・七］です。これは足立区西新井の老朽化した木造賃貸アパート「ワカミヤハイツ」のリノベーションと、近隣にある同じオーナーのもつ遊休地を貸し農園に転用したものですが、そもそもアパートを壊して新たに建てるか、改修するか、半分壊して半分空き地にするか、どうしたら良いかそこから考えてほしいという依頼でした。

このプロジェクトを通して、人口減少により空き家・空室問題の深刻化が増しているなか、建築家も空間の使い方だけでなく、運営方法もクライアントと一緒になって、考えていかなければならない状況にあると感じました。ただ、それを建築家だけで解決できるかといったらそうではありません。

そういったところから、建物だけでなく「まち」についてのリサーチやコンサルティングというものの重要性を感じたことが、この業態を始めた動機です。

――なるほど。「あだち農まちプロジェクト」は具体的にはどのように進んでいったのでしょうか。

［三］――「あだち農まちプロジェクト ワカミヤハイツ」（設計＝落合正行／PEA…、二〇一五年）

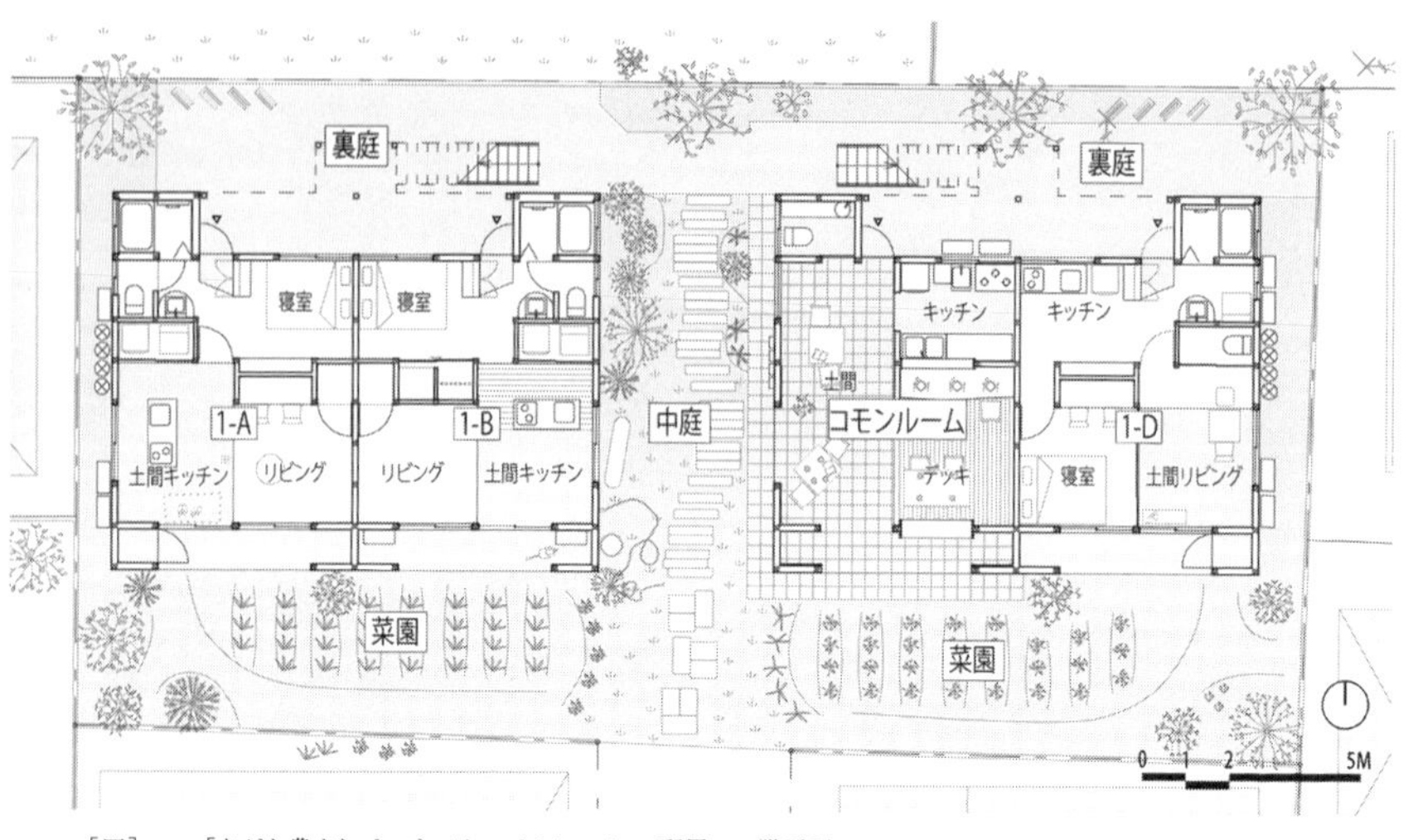

［四］——「あだち農まちプロジェクト ワカミヤハイツ」配置・一階平面

2015年								2016年								
5	6	7	8	9	10	11	12	1	2	3	4	5	6	7	8	9

設計・施工　■借り手の呼び掛け

■貸し農園事業の運営　■足立区の遊休地に関しての相談

■農園の企画・施工　■イベント・ワークショップの企画・運営

■入居者募集の呼びかけ　■コレクティブハウスのノウハウの提供

設計・施工　■コモンルームの利用・集客　■住人ワークショップの企画・運営

［五］——「あだち農まちプロジェクト ワカミヤハイツ」中庭（上）とコモンルーム（下）

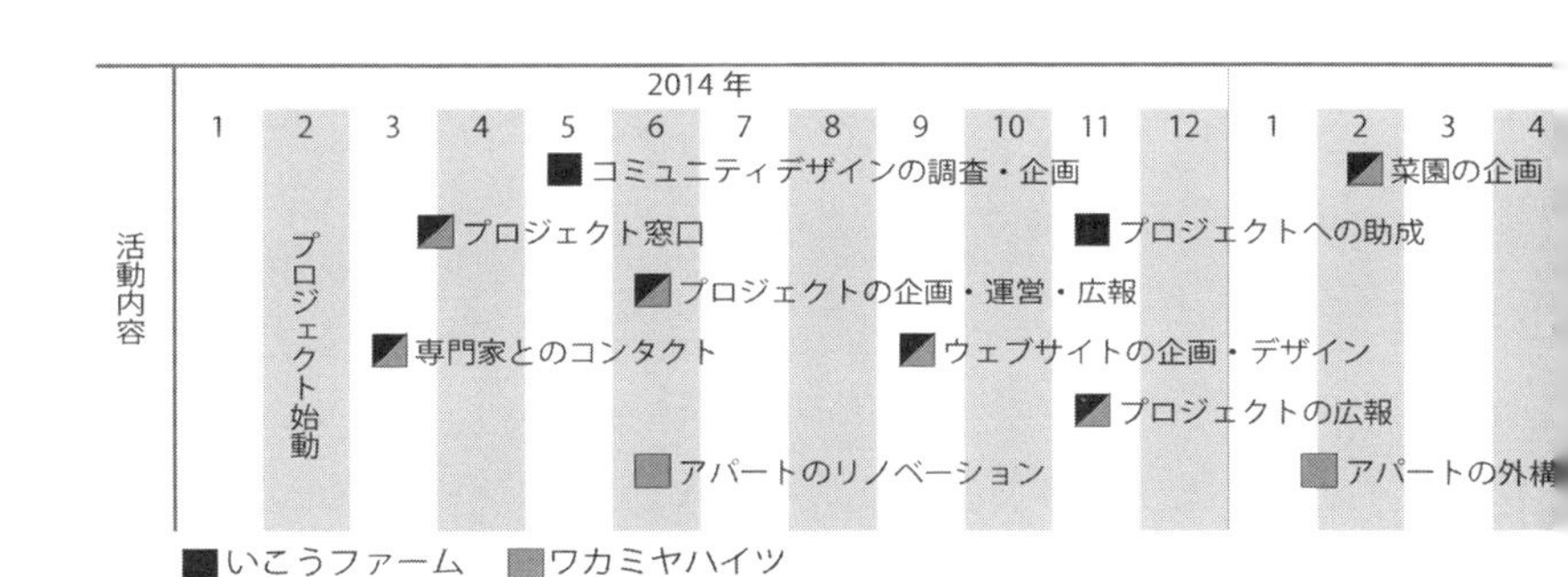

［六］——「あだち農まちプロジェクト」年表

先ほどのオーナーからの相談に対して、「全八戸のうち一つの住戸を専有部から共用部に変え、目の前に畑をつくり、そこで育てた野菜をみんなで食すという〝農〟のある暮らしを七戸の世帯で自ら運営していく」という提案をしました。専有部の面積が減るとオーナーの収益が減ってしまうと思いがちですが、共用部の家賃を七戸で分配するという考え方を提案し、構造補強や設備更新を行い各戸の家賃を少しでも上げ、またそこに長く住んでもらうことで共用部を成長させ、アパートの付加価値となるように考えました。それをオーナーに同意していただき、スタートしました。

――オーナーとは、以前からのお知り合いだったのですか。

いいえ、相続でこの建物を受け継ぐことになり、どうにかしなければいけないということで、いろいろ調べられていたところ、当時別のプロジェクトで掲載された雑誌『BRUTUS』を見て連絡をくださったようです。

その記事は、家を建てるときから始める「ご近所付き合いのデザイン」

[七] ――「あだち農まちプロジェクト いこうファーム」

をテーマにしたコミュニケーションを形にするプロジェクト［八］でした。西荻窪のとある通りに住宅を建設するのですが、建物の工事過程からご近所付き合いを促す仕掛けをいくつかつくっていき、完成し住み始めたときにはすでに近隣との交流が図られているというものです。工事中のお知らせ看板に住人の情報を記載したり、仮設囲いをメッセージボードにしたりするなど、人々の交流や結び付きをつくりました。それを見て「これだ」と思ってくださったそうです。

——なぜアパートのリノベーションに「農」がつながったのでしょうか。

もともと足立区は、江戸幕府の米どころとして、かつてから農業が栄えていたという歴史があります。一方で、現在では後継者不足から農地がどんどんとなくなり、宅地化が進み、人の出入りが激しくなり、無秩序な開発の進行や、隣近所に誰が住んでいるかわからないといった状況が加速しています。このマイナスの流れを食い止めたいというオーナーの想いと、また土地に付加価値を付けるために、もともと歴史をもつ「農」を軸にしていこうと考えていきました。

［八］——「ご近所付き合いのデザイン」をテーマにしたプロジェクトで制作した工事中の養生幕を利用した掲示板

さらに、アパートから歩いて一五分くらいのところに、おじいさんの代から花園として使っていた土地も相続されていましたので、この土地活用も一緒に考えることになり、貸し農園「いこうファーム」として進めていくことになりました。

══さまざまな専門家が関わってつくり上げたプロジェクト══

――畑と共用部をつくるというコンセプトが決まったあとは？

コンセプトを気に入っていただけたあとは、オーナーと一緒に近隣の不動産情報から家賃設定を考え始めました。この地域では、ちょっと家賃を上げてしまうと、建売住宅が買える値段になってしまうので、かなりシビアな家賃設定が迫られましたね。

そこから既存のプランに殴り描きするように何度も上書きして書き替え、住戸の間取りをオーナーと決めていきました。そのため、もともとの骨格は変わりませんが、各戸の間取りはすべて違うものになりました。

――このプロジェクトを成功させるために、ほかにはどんな工夫をされたのでしょうか。

早い段階からウェブサイトを立ち上げて、この場所を認知してもらうために、特徴やプランなどの情報や、住民も積極的にプロジェクトに関与してもらいたかったので工事過程の写真なども開示していきました。また「ワカミヤハイツ」はコレクティブハウジング[1]なので、住民全員が専用の居室のほかにコモンルームをもって自分たちで運営していくスタイルです。ここで使う家電や食器などもすべて住民たちが管理し、イベントや畑なども自分たちで運営してもらわなくてはいけません。

こうしたコレクティブハウジングの運営方法について、オーナーが関係するNPO法人コレクティブハウジング社[2]から、ワークショップの開催を通して助言やノウハウをもらい、住民の自治力を高めていきました。

――貸し農園はどのように進めていかれたのですか。

当初は「ワカミヤハイツ」を巣立った人たちを対象に、ファミリー向

1――コレクティブハウジング＝仲間や親しい人々が生活を共同で行うライフスタイル「コレクティブハウス」用の形態の住居。北欧発祥。共同の食堂、育児室をもつが、各戸に台所、浴室、トイレなどがある。

2――NPO法人コレクティブハウジング社＝二〇〇〇年に設立された、東京に拠点をもつコレクティブハウジング実現のための事業を行うNPO。調査研究、モデル開発、普及・啓発、企画開発・運営、運営支援等を行う。

けの集合住宅を計画する予定で相談に乗っていましたが、借り入れが膨らむのを抑えるという意味でも、空地としての価値を活かそうと、貸し農園をつくることになりました。

さらに、足立区の助成支援「まちづくり活動支援事業」を活用して進めることが決まり、早い段階から貸し農園業者に入ってもらいました。

もともとビニルハウスが建っていましたが、使っていない時期もありましたので、土の改良から整備を始めました。

そのあとは空間のイメージをどうするか、設えをどうするかなど、空間については僕らも意見を述べ、ランドスケープの専門家に依頼されました。本当にさまざまな人たちとコラボレーションした結果、実現に至っています。

――このプロジェクトでは落合さんはプロデューサーとしての役割を担っていたように思えます。いろいろな人を巻き込んでいくと、その費用も嵩んだのではありませんか。

よくプロデューサーと言われますが、本当のプロデューサーはオー

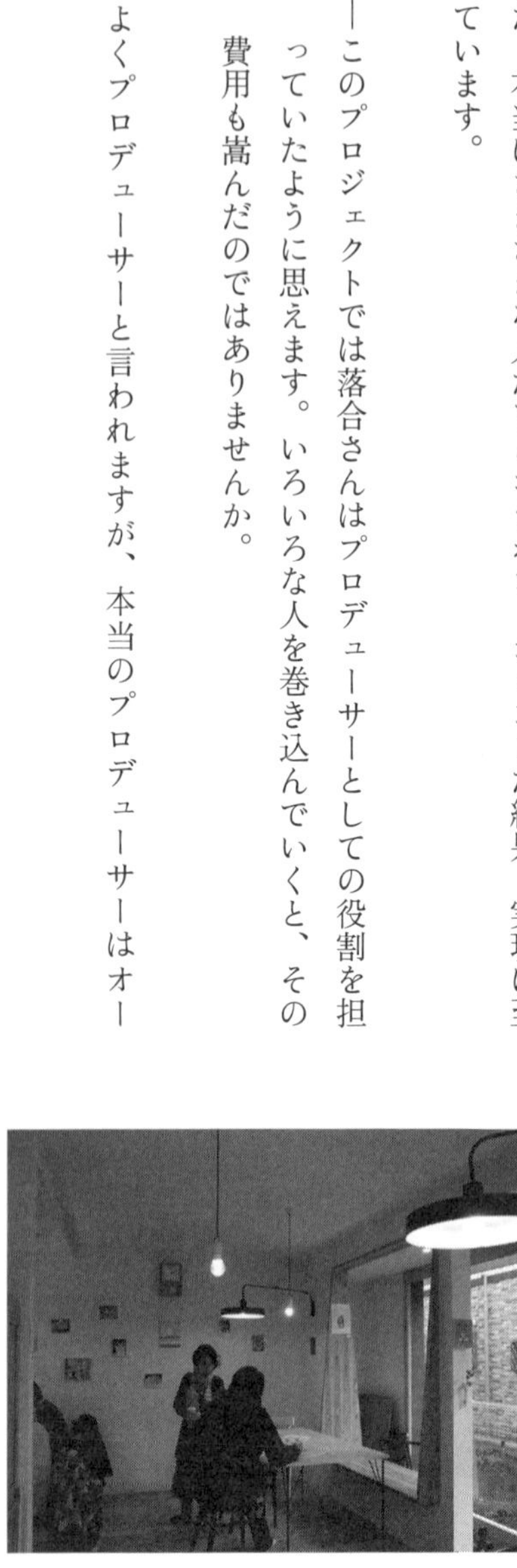

ナーだと思います。常にオーナーの横にいて、ご本人が完全には伝えきれない思いを、僕が専門的な言葉に翻訳して代わりに話していたような感じです。

それぞれ関わる人とは、オーナーと直接関係を結ぶ場合もあったり、僕たちの下に入る場合もあったりいろいろでしたが、僕のフィーはあくまでも設計料のなかでやりくりしました。

――「ワカミヤハイツ」や「いこうファーム」は現在どのように使われていますか。

オープン後は、「ワカミヤハイツ」では入居者に向けて説明会を行ったり、入居者が地域住民に向けてバーベキューイベントを主催したり、コモンルームを貸してほしいという地域の活動団体が出てきたりしました［九］。「いこうファーム」では納屋を図書スペースにしたり、ここを訪れる人たちとの交流の場をつくるためのイベントが定期的に開催されました［十］。「ワカミヤハイツ」の住人が「いこうファーム」でのイベントに参加したり、「いこうファーム」で畑を借りている人が「ワカミヤハイ

［九］――「あだち農まちプロジェクト ワカミヤハイツ」で開催された居住者説明会（右）とコモンルームで行われた地元絵画教室の作品展（中）、「いこうファーム」との連携イベント（左）

ツ」のイベントに参加するなど、互いにコミュニケーションは図られているようです。

またこのプロジェクトをきっかけに、足立区では空き家の調査や有効活用が進んでいったと聞いています。足立区長や近隣の草加市の職員もワカミヤハイツを視察に来ていましたし、この地域にある程度の影響は与えることができたかなと思っています。

境界線が曖昧な時代、建築家にも柔軟性が必要

——建築家に対して社会が期待する能力に変化を感じられますか。

「ワカミヤハイツ」もそうでしたが、クライアントから「既存建物を壊して新築するのが良いか、改修が良いか」の選択を求められることは今や当たり前です。ときには既存建物を壊して、建築せずに更地のまま活用する案を求められることもあります。あらゆる可能性のなかから最適解を提示することが求められるんですね。

また、たとえば改修する場合にも、既存建物の診断から、改修内容ま

[十]——「あだち農まちプロジェクト いこうファーム」で開催された講座

で、建築家は検討する内容が増えました。さらにシェアハウスやシェアオフィスなどの新しい建築タイプの出現によって、運営面が複雑化していますし、ITの進化によってこれまで建築業界とは関連のない異業種の参入も見られます。公共施設も民間委託運営が主流になったり、空き家の公的活用が進んだり、あらゆる境界線が曖昧になっている時代だと思います。
「ワカミヤハイツ」の改修でも、プログラムをつくるところからたくさんの人が関わりましたし、建築家も柔軟性が求められる時代だと強く感じています。

リサーチ、コンサルティングを研究室で、事務所は設計に特化

――現在は大学に研究室をおもちですね。

はい、二〇一四年に日本大学理工学部まちづくり工学科に着任してから は、自分の拠点を設計事務所から大学の研究室に移しました。

事務所は妻とスタッフの二名が中心となり運営しており、常時数名のアルバイトにも来てもらっています。もう少し、人を増やしたいとは思っていますが、現在はそのような体制です。

——拠点が研究室とは？

リサーチ、コンサルティング部分を大学で受けることにして、そこで生じたデザインの仕事はいろいろな設計事務所と組んで具現化していくことにしたんです［十二］。

大学は教育機関でもあり、研究機関でもありますから、蓄積される知識も大きければ、そこに出入りする専門家たちも多い。ですから、そのネットワークをうまく活用し、多様なチーム構成が可能となります。また、中立的な立場であるため地域住民の理解が得やすくなるなど、プロジェクトが動かしやすい側面もあります。

設計事務所のなかですべてなすという方もいますが、大学で多様な人とコラボレーションをしながら開発をして、自身の設計事務所はデザインに特化させたほうが、僕には向いていると思いました。

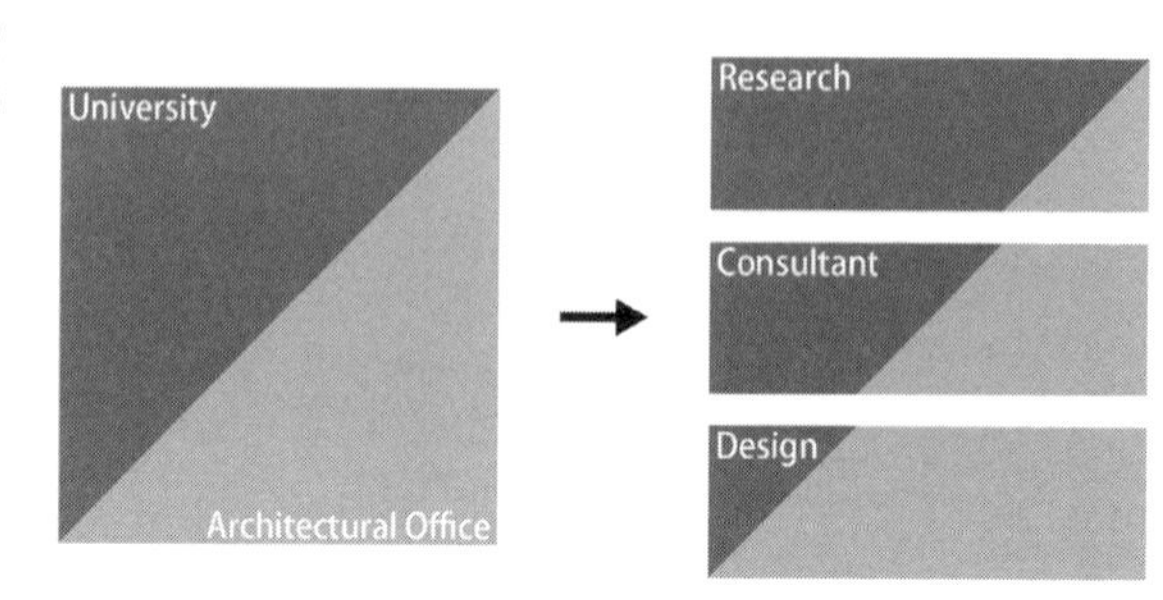

［十二］——大学と建築設計事務所の分担イメージ

――フィーについて教えていただけますか。

大学で仕事を受ける場合は研究委託というかたちになります。事務所で受ける設計料は、一般的な算定に基づくものです。

――リサーチやコンサルティングの方法や知識は、どのように身に付けられたのですか。

これまで多様な人と組んできたことで、さまざまな学びがありました。事務所単体であれば、こうした情報やノウハウはなかなか入ってきませんが、コラボレーションによるプロジェクトではさまざまな経験ができるので、一つ一つの仕事に対するフィードバックが大きく、次のプロジェクトに活かすことができます。

――職能がだんだん増えていくようなイメージですね。

そうですね。調査をしたり場の運営をしたりと職能を広げ始めると、ついそれに一生懸命になってしまうのですが、それでは本質を外れてしまうのではないかと思い始めました。設計の職能が発揮できるフィールドそのものをつくり出すこと、つまり建築をつくることに焦点を当て、より設計しやすい環境を整えることが大切なのだと思っています。ですからリサーチやコンサルティングの仕事は大学で受け、自身の設計事務所は設計に専念させることにしました。

建築家が時代に合ったものを提示するのは必須だし、そのために柔軟性をもつことは重要ですが、だからといって建築家が手を出し過ぎてその職能自体が薄まってしまうことにはなってほしくないと思っています。

＝最適な与件をつくることに重心を置く＝

――研究室でコンサルティング業務を受けられたプロジェクトについて教えていただけますか。

大きなものですと、静岡県富士宮市で進めています「白糸ノ滝店舗集約化事業」[十二]です。これは世界遺産である「白糸の滝」という名所の崖地に建っている土産物屋を高台の安全な場所に移転させるというものです。ただ移転させるだけではなく、これまでバラバラになっていた店舗を集約して、魅力を高めていくことを目指しています。

行政発注のプロポーザルに、建設（土木）コンサルタントと組み、建築に関わるコンサルタント業務を研究室で担当して応募しました。

このプロジェクトは、造成や外構などは行政が直接発注をし、飲食店や土産物屋などの店舗建物は民間でそれぞれ地元の設計事務所に発注して建てるという、公共事業と民間事業が混合する複雑な事業なのですが、一つの集合体として見えるようにデザインの監修を行っています。

――ルールづくりをされているということでしょうか。

そうですね。たとえば共通性のある建物形態や外装材などを提案しています。屋根は富士山に向かって高くなるように勾配を付けて、客が行き交うところには招き屋根を出すなどしています。

このプロジェクトが始まって現在で二年ほど経ちますが、ようやく具体的なデザインについて検討が始められました。今まではこのプロジェ

［十二］――「白糸ノ滝店舗集約化事業」全体模型（日本大学理工学部まちづくり工学科落合研究室）

クトに乗ってもらうため地元の店主たちの意向を束ねていくことに注力していましたが、まちづくりでコンセンサスを得るための知識が活かせる仕事でした。

――建設（土木）コンサルタントと組まれるのは初めてですか。

そうですね。今回、千代田コンサルタントさんから声を掛けていただいたのですが、学際的な大学に所属しているからだと思います。土木の仕事で建築が絡むことはしばしばあるのです。今回もプロポーザルで一緒に提案したのですが、建設（土木）コンサルしか応募できない公共のプロポーザルもあります。つまり、アトリエの設計事務所が寄ってたかって応募するコンペに出すよりも、通る確率は高いんじゃないかと思いますよ。

僕は、そこで取った仕事を自身の設計事務所だけでなく、むしろ積極的にほかの設計事務所と組んで仕事をしたいと思っています。「白糸の滝」プロジェクトのように地元の設計事務所と組むこともありますし、最近では僕の同郷の三重県出身の建築家が集まり、「ミエケンジンカイ」

という建築家ユニットを組んで、地元三重で設計をしています。

――なぜ積極的にほかの設計事務所と組まれているのですか。

僕としては、とにかく与件をつくることに重心を置いています。先ほどと重複しますが、僕自身は、大学がプロジェクトを立ち上げる中心であるべきだと考えています。設計自体も大切なのですが、やはり最適な与件をつくらないことには、良い建築は生まれません。良い与件をつくれさえすれば、有能な設計事務所はたくさんありますから、質の良い建築がたくさんつくられ、結果的に社会に貢献できると思っています。

＝まちにつながる設計を＝

――PEA…／落合建築設計事務所での設計の仕事について教えていただけますか。

自邸の「上池台の住宅 いけのうえのスタンド」［十三］についてお話させ

ていただければと思います。うちは、僕と妻と犬がいるDINKSの世帯です。子どもがいなければママ友やＰＴＡなど地域との接点がありますが、子どもがいない私たちは意識的に接点をつくらなければなりません。

そこで、一階の事務所を使用していない土日は地域の人たちと関わる場所にしようと、スタンド形式にしてふらっと人が立ち寄れるようにつくりました[十四]。事務所であれば大抵の場合、水場を奥に設けますが、あえて出入口付近にもってきて、立ち寄ったときに使えるように設えました。また、一階の〝スタンド〟部分は周辺の隣地竿地部分にベンチを回すことで、一体的に使えるようにしています。

──隣の敷地にベンチがあるんですね。

ベンチは工事期間中に相談をして、つくることになりました。通称「窓台ベンチ」と呼んでいて、普段から使っています。また隣の二軒向こうまで、駐車スペースを開放して、バーベキューパーティを年に何回か催しています。スタンドが食材の洗い場となって、それぞれの駐車スペースが焼き場や子どもの遊び場になります。

[十三]──「上池台の住宅　いけのうえのスタンド」（設計＝落合正行＋PEA…／落合建築設計事務所、二〇一六年）

——自邸の隣二軒はデザインが統一されているように見えますね。

デザインが揃ったように見えるのはたまたまですね。ここは一つの土地だったところを、三つに切り分けられて、ほぼ同時期に売られたんです。うちが最後に建ったのですが、ベンチのこともあり、隣家との関係は考慮しました。

スタンドでは、去年は土日に盆栽教室や江戸風鈴の絵付け体験ワークショップ［十五］などを行いました。告知はポスターを貼っているだけなんですが、近所の方たちが集まってくれますね。

——周辺にはこのような人が集まれるコミュニティスペースがなかったのですか。

なかったですね。この辺りは、とくに土地の細分化が進んでいて、マンションや建売り住宅が建ち、そこに若い人たちが転入して来ています。スタンドには若い人たちが新しいコミュニティを求めてたくさんいらっしゃいます。そこに、年配の方が昔話を聞かせに来てくれたりして、世

［十四］——「上池台の住宅 いけのうえのスタンド」一階のスタンド部分

代を越えたコミュニケーションが生まれ始めています。
　事務所でもまちにつながるような設計やデザインの仕事を続けていきたいです。

独立することがすべてではない

――若い人たちに設計の仕事に就くことや、とくにアトリエに行くのが不安だという方が多いようです。

　大学にいると、それはすごく感じますね。そもそも研究室選びのときさえ、設計分野を避ける学生が多くなっていると聞きます。大変な仕事というイメージをもっている学生が多いようです。就職先もほとんどが組織設計事務所やゼネコンなど、いわゆる大手志向の学生が多いですね。設計にチャレンジする人は減ってきているし、そもそも独立しようとする人も減っているようです。

――そういった学生たちにメッセージがあれば。

［十五］――「上池台の住宅 いけのうえのスタンド」で催された盆栽教室（右）や江戸風鈴の絵付け体験ワークショップ（左）

僕は、独立することがすべてではないと思っています。建築家は、時代のなかで目指すべき方向を提示し牽引していくことが使命だと思っていますし、いまの時代だからこその建築の姿や形があると思うんです。それを提示するのに、どこに所属しているかは関係ありません。とくに、柔軟性が求められる昨今では、必ずしも設計事務所を開設しなければできないというわけではないと思います。

僕も現在は大学に所属しながら、そこで考えられることを提示しているつもりです。ですから、設計事務所にいようが、ハウスメーカーにいようが、志をもって、まずはきちんと勉強して、提示していければいいのではないでしょうか。

その代わり、今の時代に何が必要かと問われたときには、きちんと提示していくための経験やスキルはもっていなければなりません。それを身に付けるためにどういう道を歩み、学んでいくかを考えてほしいと思います。

interview 7

自社プロジェクトで 都市・建築へのエールを送る

中村真広
［ツクルバ］

tsukuruba studios ＋ cowcamo ＋ co-ba / HEYSHA

「co-ba」や「HEYSHA」などのワークプレイス、中古リノベーションマンションの流通プラットフォーム「cowcamo」、“感謝経済”の実現を目指すコミュニティコインのアプリ「KOU」など多彩なプロジェクトを展開するツクルバ。その創業者にして代表取締役CCOの中村真広氏に、自社事業を積極的に手掛ける理由を聞いた。

Organization Data

構成＝空間設計者、グラフィックデザイナー、プログラマーなどを集めたクリエイティブチーム「tsukuruba studios」、中古リノベーションマンションに特化した流通プラットフォーム「cowcamo」事業部、「co-ba」「HEYSHA」を始めとしたシェアードワークプレイス事業部、バックオフィスのおもに4部構成

メンバー＝計148名、うち正社員106名、契約社員・アルバイト42名。正社員は「tsukuruba studios」27名、「cowcamo」57名、「co-ba」「HEYSHA」11名、バックオフィス9名。（2019年2月現在）

中村真広

一九八四年千葉県生まれ。二〇〇九年東京工業大学大学院建築学専攻修了後、不動産デベロッパー、ミュージアムデザイン事務所、環境系NPOを経て、二〇一一年（株）ツクルバを村上浩輝と共同創業。現在、同代表取締役CCO：チーフ・コミュニティ・オフィサー。

＝プロジェクトをつくり出す側の人間になりたい＝

――ツクルバを立ち上げるまでの経緯と動機について教えていただければと思います。

二〇〇九年に東京工業大学の大学院を修了しました。所属していたのは塚本由晴[1]先生の研究室で、ここで経験したことが、現在の仕事に大きくつながっています。

当時、塚本研究室は、スポーツメーカーのナイキによる渋谷区立宮下公園の再整備事業に携わっており、自分たちが初代担当でした。これが僕のなかですごいセンセーショナルだったんです。建築家としてクライアントの期待に一二〇%応えて、しかも建築作品として成立させるという塚本先生のスタンスに憧れる一方で、その前提として、ナイキという世界的な企業の予算を使いながら社会にプロジェクトを仕掛けている人たちがいて、その人たちのアイデアが面白いからこそムーブメントが始まるということを目の当たりにしたんです。

加えて当時はレム・コールハース[2]が建築メディアで頻繁に取り上げら

1――塚本由晴＝034頁注1参照。

2――レム・コールハース（Rem Koolhaas）＝045頁注6参照。

れていて、PRADAのビジョンメイクを任されていることに憧れを覚えていました。だから自分としてはプロジェクトをつくり出す側の人になりたくて、資本の上流の不動産デベロッパーに行くか企画側の上流の広告代理店に入るか、就職先はどちらかだと思っていました。

結局入ったのはデベロッパーで、そこで出会ったのが、ツクルバを共同で創業した村上浩輝です。リーマンショックによる影響もありデベロッパーを退社したあとは、ミュージアムデザインという業界で、博物館の展示内容をつくる仕事に携わりました。学芸員の方々とディスカッションしながら、子どもたちの手に触れるハンズオン[3]やグラフィックパネル、iPadなどを使ったデジタルコンテンツなどを企画し、展示のプロデュースに二年ほど関わりました。

そのうち東日本大震災が起きて本当に自分のやりたいことが何かを見つめ直した結果、村上と一緒に、ツクルバという名前で、学生時代から憧れていたプロジェクトを生み出す企業体を始めたというわけです。

3——ハンズオン展示＝幼児教育における体験学習的な意図で設けられる、触れて、感じられる展示。

スタートアップベンチャーのためのオフィスづくりから始まった事業展開

――ツクルバにおけるプロジェクトの変遷を教えてください。

まずツクルバを始める前に村上含む仲間内でカフェ「A.P.T lounge」〔一〕を経営していました。そのときはカフェという場を使っていろいろなコミュニティ間を橋渡しして、そこで起こる化学反応を楽しんでいたんです。その体験をもとにツクルバの第一弾として二〇一一年に始めたのが、会員制のシェアードワークプレイス「co-ba（コーバ）」〔二〕です。

そのきっかけとしては、海外のブログを通して、コワーキングというキーワードを知ったこともありました。日本にはまだそのような文化はありませんでしたが、シリコンバレーなどの西海岸方面では当たり前に存在し、そこからツイッターやインスタグラムといったベンチャー企業が生まれていると。そこで現地に見に行ったら、すごい活況で、こういう文化を日本にもつくりたいと思ったんです。

当時、自分たちも創業したてのチームでしたから、「co-ba」の入居者

〔一〕――カフェ「A.P.T.lounge」

兼管理人として、ほかの入居者の方々とは同時期に起業したという〃同期〃のような感覚でした。

こうした活動を通して、ツクルバがコミュニケーションを誘発させる空間のデザインだけでなく、きちんと場の運営もできることが認められて、オフィスデザインの仕事や企業が仕掛けるインキベーションオフィスのプロデュースを頼まれるようになりました。こうして、いわゆる空間プロデュースの会社として見られていたのが起業から三年目ぐらいまでのツクルバです。

ただ、自社事業を通じて世のなかに仕掛けていく企業体でいたいという想いがあったので、徐々に受託から切り替えていきました。そのときに「co-ba」も全国に展開して「co-baネットワーク」をつくろうと考えたり、もともとデベロッパーで知り合った創業者二人なので住環境もやりたかったり。最初が「co-ba」だったのでオフィス領域のイメージが先行していましたが、住まい領域で建築・不動産・テクノロジーを掛け算したような新規事業をつくりたいと考えていたのが、中古リノベーションマンションに特化した流通プラットフォーム「cowcamo（カウカモ）」［三］につながります。

［二］——二〇一一年一二月にオープンした「co-ba」最初の拠点「co-ba shibuya」

現在のツクルバで一番大きな事業は「cowcamo」です。そのためにエンジニアの採用を強化してアプリやウェブの開発チームをつくり、メディア編集や不動産エージェントのチームもつくってきました。「cowcamo」に関わる職能はすごく広がってますね。

「co-ba」は全国で二〇カ所以上になってきています。とくに都心の「co-ba」は入居者にスタートアップ企業が多いので、一年くらいで卒業するんです。そうなると次のオフィスを探すことになるんですね。

一方、ツクルバは（株）メルカリさんや日本交通（株）さんといった大きな企業のオフィスデザインも同時に手掛けてきましたが、その間の数十人のスケールの企業のための場所をつくっていないことに気づきました。

そこで、スモールチームのオフィスソリューションを手掛ける「HEYSHA（ヘイシャ）」［四］を始めて、「co-ba」を卒業した企業の受け皿にしました。これはオーナーさんからマスターリースで借りた物件をツクルバでリノベーションして、ユーザーには月額課金で使えるオフィスとして提供するサービスです。

――多岐にわたって新しい事業を展開されているんですね。

［三］――「cowcamo」アプリ

ただ大きな領域としては、〝暮らす〟と〝働く〟をテーマにした事業領域ですね。

＝建築や都市へのエール＝

――中村さんは塚本研出身ということもあって、建築や都市へのエールを送りたいという意気込みを感じます。その一方で、あえて自社事業としてやっていくことに意義を見出されているというのは、つまり受託でしか仕事が成立しない建築設計に対するアンチテーゼではないかとも思うのです。実際、どのような意識で建築との距離を図っていらっしゃるのでしょうか。

建築家の稀有な能力の一つに、過去から未来への脈々と続く文化のなかで自作の建築を位置づける能力がありますよね。それはすごく素敵だと思っています。だからこそ、仕掛ける側に回らないのがもどかしい。今の社会のその先を自分の言葉で語れる人がなぜ事業をやらないのか、そこが疑問なんです。

［四］――「HEYSHA」で提供したオフィスインテリアの例

建築家が全員事業をやるべきとは言いませんが、結局事業の上流をつくっている多くは、いわゆるビジネスサイドの人たちです。建築家が職能の幅を限定せずにもっと自由な展開を見せてもいいと、ずっと思ってたんです。

——上流で建築的な能力を活かして、より良いものや枠組みをつくることに可能性を感じていらっしゃるんですね。

起業してから調べてみると、結構海外では事例はあるんです。たとえばWeWork[4]をアダム・ヌーマンと一緒に創業したミゲル・マッケルベイは建築出身だし、Airbnb[5]を創業したブライアン・チェスキーとジョー・ゲビアもRISD(Rhode Island School of Design)の出身です。まだまだ日本では少ないですが、このようにデザインやアートを学んだ人たちが起業家になる時代なんです。

——最近は設計事務所もビジネスを意識するところが増えてきたように思いますが、どなたか共感する建築家はいらっしゃいますか。

4——WeWork Companies, Inc.＝113頁注13参照。

5——Airbnb, Inc.＝113頁注12参照。

大先輩では大江匡[6]さんの設立されたプランテックの展開に共感しています。事業をいっぱい展開されていて、それこそ「FIRST CABIN」[7]なんて一大事業になってるじゃないですか。ああいったかたちがもっと若手の世代から出てきてもいいと思いますね。

建築学科出身者を見ていると、専門的な知識があり、自分の想いで動けて、ビジョンメイクも自分でできる人も少なくない。ただ資本主義的なルールに対して無知過ぎると、ピュアであるがゆえに搾取される側になってしまう危うさもあるんです。売り上げがわずかで、本来はアルバイトを募るところがオープンデスクで無料で働かせるしかないとか、東大院卒だけど月給一〇万しか払えないとか。少なくとも僕が卒業する頃はまさにそうで、建築設計をめぐるビジネスの状況は厳しいものでした。そこは創作にピュアになるだけではなく、「ビジネスの作法も知らないといけないのでは？」という問題意識はあります。

6 —— 大江匡＝030頁注1参照。

7 —— FIRST CABIN＝飛行機のファーストクラスをイメージしたコンパクトな〝キャビン〟を客室とするホテル。プランテックグループのノウハウを生かし（株）ファーストキャビンが企画・運営・フランチャイズ事業を行う。空きビルにキャビンを並べることでローコスト、短工期でホテル開業が可能となる。全国で二四カ所展開（二〇一八年一二月現在）。

コミュニティの場を提供する

――(株)ツクルバと(株)HALによる共同プロジェクト、コミュニティコインのスマホアプリ「KOU」[五]について教えていただけますでしょうか。

iOS版、Android版が揃ったのが二〇一八年の一二月で、まだまだリリースしたばかりのサービスです。

たとえば「cowcamo」を利用して中古のマンションを購入する人は、築三〇年、四〇年の間に培われてきたマンションコミュニティのなかに入っていくことになりますよね。また、たとえば建て替えの話が出てくると、全区分所有者のうち五分の四の合意が必要だったりして、マンションコミュニティがきちんと醸成されているかどうかがじつに重要になってくるわけです。

また、「co-ba」のような特定多数でシェアする場では、創業したばかりで同じ課題をもっている人たちのコミュニティなので、たとえば投資家の情報を共有したり、メディア戦略を教え合ったり、会員同士の助け

［五］—— デジタルコミュニティ通貨「KOU」

合いが起きています。コミュニティ内でさまざまなやり取りがあるわけですが、その盛り上がりを可視化することは難しいなと感じていました。

そういうような、コミュニティが生まれ、育っていくのをテクノロジーの力でサポートできないかと、ずっと漠然と思っていたんです。それが発端で、構想を始めたのが「KOU」につながっています。

たとえば、関心でつながるコミュニティや、地域コミュニティ、マンションなどの施設内のコミュニティ、あるブランドを軸にしたファンコミュニティなどで使ってもらうことを想定しています。具体的には、アプリ内にコミュニティを登録してもらい、そのなかでだけ使える独自のコミュニティコインをつくってやり取りしてもらう、というものです。

このアプリを使うことで、コミュニティ内で困っていることで誰かを頼ったり、助けてもらって感謝したり、そういう交流が生まれたときに、法定通貨や仮想通貨とは完全に縁が切れた「お金」で感謝の気持ちを贈りましょうと。思想は手帳型と呼ばれる地域通貨と近いんですけど、それを発展させたデジタルコミュニティ通貨ですね。

――なかなか画期的ですが、じつは昔の集落にあった「結（ゆい）」[8]の現代版とも言えますね。

そうですね。今でも地方では当たり前のように交換経済より贈与経済で回ってるものがありますよね。ただ、都市生活者においてはそこが本当に希薄で、地方の人たちのヒューマンライクなつながりのほうがある意味進んでるなと思っているんです。言ってみれば、都市生活者を村人化させるようなプロジェクトなんですよ。

――ツクルバでやられていることは、すべてコミュニティの場を提供しているようなかたちですよね。

そうですね。それは初期からずっと一貫したところですね。〝暮らす〟〝働く〟における場づくりをやってきて、大切にしてきたものはコミュニティだったことに気がつきました。

8 ―― 結＝生活の営みを維持していくために共同作業を行うこと、もしくはそのための相互扶助組織のこと。田植え、屋根葺きなど一時に多大な労力を要する際に行う。労力の提供に対し金や物でなく労力で返すのが特徴。

企業文化の重要性

――ツクルバではミッション・ビジョン・クレド（使命・将来像・信条）を掲げられていますね。少し詳しく説明していただけますでしょうか。

おそらく設計事務所ではわざわざつくらないでしょう。でもSONYとかHONDAのような企業であれば経営理念は当たり前にあるわけです。ツクルバは当初一〇人前後でやっていましたが、自社事業メインに切り替え、外部資本を入れて経営スタイルを変えていったんですね。そうなるとメンバーが増えて組織が拡大していくと思ったので、三〇人を超える手前で目指すべき組織を言語化したのが、ミッション・ビジョン・クレドです。

――それでメンバーの意識が変わったり、仕事がしやすくなったりしましたか。

はい。会社経営の命は人・組織なので、誰に入ってもらうのかも大事ですし、そして何より組織文化が一番重要です。事業のフレームワークはいくらでも真似できますが、そこにある文化は真似できませんから。それが独自のものであるだけで、同じ事業をやっていても正当性が全然違ってくると思うんですよね。そのためには経営理念が言語化されて、それに即してすべてが一貫していることが必須だと思っているので、ツクルバという場をつくっていくことが自分の仕事だと思っています。

――ツクルバの初期のウェブサイトで拝見した中村さんのお姿はいかにもビジネスマンという雰囲気でしたが、今はずいぶん砕けた雰囲気に変わっていらっしゃいますね。

服装についてそんなに意識していませんでしたが、現在では役員もメンバーも増えて、僕や村上が経営者というより創業者としても振る舞いやすくなってきたのが、関係しているかもしれません。少人数の頃は現場のプレイヤーでもありますし、規模が大きくなっていくとマネジメントも必要になります。また経営チームが少ないと、経営のあらゆる役割をカバーしないといけない。最近では仲間を頼ることで、創業者だからこそできる役割に向き合えるようになってきました。

——組織によっては、結局はトップがいないと何も動かないというケースもあるようですが、ツクルバは、そういったケースとは無縁のようですね。

むしろ会社経営としては、経営者が現場に入り過ぎるとダメだと思っているんです。おそらく設計事務所の場合は所長を中心に全体が動くことが多いと思いますが、会社経営としては現場と経営を切り分けたほうがいいですね。

＝自己組織化されているチームを目指す＝

——ツクルバの現在の組織の規模と内訳について教えてください。

正社員は一〇〇人ちょっとで、契約社員など、正社員ではないメンバーも含めると一五〇人弱です。

——チームごとに何人ぐらい割り振っていらっしゃいますか。

二〇一八年一二月現在で、「tsukuruba studios」［六］のメンバーが二七人、「cowcamo」のチームが五七人で、「co-ba」とか「HEYSHA」とかシェアードワークプレイス周りのメンバーが一一人。あとコーポレートチームが一一人という感じですね。

——「tsukuruba studios」の紹介をしていただけますか。

もともとは「tsukuruba design」と「tsukuruba technology」という二チームに分かれていて、「tsukuruba design」が設計などのいわゆる実空間側のデザインチーム、「tsukuruba technology」はウェブサービスやアプリを開発する、情報空間側のデザインチームでした。

ただ、今の時代としても自分自身としても実空間と情報空間を分けていないし、それぞれのつくり手がもっとオーバーラップすることが実験としてもすごく面白いと思ったので、一つに統合したのが「tsukuruba studios」というわけです。

［六］——プログラマー、デザイナー、アーキテクトなど実空間と情報空間のデザイナーが集う「tsukuruba studios」

なので、「tsukuruba studios」のなかには建築の設計者もいるしグラフィックデザイナーもいるしシステムエンジニアもいるというかたちです。

――メンバーはすべて正社員だけですか。

現在は正社員だけですが、その境界を今後ぼかしていきたいなと思っています。

たとえば、プロジェクト単位でよく一緒に動いている外部メンバーとかは、コミュニティの仲間ではあるんだけど、会社法上の社員ではないというだけです。その辺りの会社の境界の幅をもっと緩やかに厚くしていきたいし、そうなっていく時代だと思うんですよね。それは「tsukuruba studios」に限らずツクルバ全体について考えています。

――プロジェクトの進め方は何か決まったものがあるのでしょうか。

大まかにいえば、僕自身が現代に生きる自分のリアリティに照らし合わせてつくった事業のタネを社会的な文脈に位置づけ、それをメンバーがビジネス的なフレームワークに落とし込んで最適なオペレーションを構築したのちに、市場のターゲットにメッセージを着実に届ける、という流れです。

――基本設計は中村さん、実施設計はメンバーが行うといったイメージでよろしいでしょうか。

はい。ですから、現在は「co-ba」や「cowcamo」についてはメンバーに任せて、僕自身は「KOU」の立ち上げに関わっている状況です。

――中村さんは、どんなチームが事業をつくるうえで、クリエイティブに強いと思われますか。

自己組織化されているチームが一番いいと思っています。たとえば自然林や鳥の群れは、俯瞰して全体像をつくろうと思っているわけではなく、自分の身の回りで相対的にリアクションを行っていることで、変わり続けながらバランスを取っていく動的平衡[9]な全体像ができていますよ

9――動的平衡＝もともとは物理・化学の用語で、互いに逆向きの過程が同じ速度で進行することにより、系全体としては時間変化せず平衡に達している状態をいう。生物学者の福岡伸一（一九五九―）は「生命とは動的平衡にある流れである」と定義した。

ね。そういったあり方こそ自然な組織なのではないかと思います。
かつては社訓を全員に暗唱させたり、単一の評価軸で人と向き合ったり、意思伝達を徹底的にフォーマルにするような組織形態がフィットした時代があったかもしれませんが、今の時代は度々起こる変化に対して柔軟に対応できるしなやかな組織が一番強いと思っています。

――理想像を実現するために具体的に意識されていることはありますか。

そうですね。ツクルバという企業体を事業体としての側面と共同体としての側面で捉えて見るようにしています。それは雇用する・される、上司・部下のような関係性とともに、ツクルバというムーブメントを仕掛ける仲間のような関係性も成り立っている企業体というイメージです。後者のような感覚が今後は広がっていくのではないかと考えています。
仮にそうなってくると、「企業文化」や「企業理念」のような頭に〝企業〟が付くようなものがちょっとしっくりこなくなる。企業というより、社内外を横断したムーブメントですからね。そのときに、果たして「ムーブメントコミュニティの旗印」とは何なのか、なんでここに集っているのか、そういったことが非常に重要になってくると思うんです。

組織のあり方については世界的にも模索中で、最近だとティール組織についての本が何冊も出ていますが、やはり何をメタファーにして組織を捉えるのか、またそれぞれの事業フェーズに応じてどのメタファーが一番適切なのかという部分について、ビジネスの世界では実験が続いていますね。ただ、企業という境界線が〝実線〟から〝点線〟になって、活動体に共感する人が集まってくるかたちで組織が成り立つという大きな流れはあるように思います。ですから、そのときにはムーブメントに参加している感覚、言い替えるとコミュニティ意識ともいえる「自分ごと感」がすごく重要になります。今はまさに、その価値観が移り変わる過渡期なんじゃないかという気がしています。

――実際、会社の雰囲気はどのような感じですか？　中村さんは何と呼ばれているのでしょうか。

「まーさん」とかですね。とてもフラットな関係ですし、誰が言ったかではなく、どのアイデアが面白いかで動く組織でいようと、ずっと言い続けています。実際それが功を奏して新規アクションが実行されていますから。それが創造的で、柔軟に変化し続ける組織にはフィットするだろうと思っています。

――みなさん残業はされていますか。

究極を言えば、プロフェッショナルであれば自分の働き方くらい自分で決めていいと思っているので、もし朝に気分が乗らなければジムに寄って一二時に出て来てもいいし、本当に自分が最適に働けるタイミングで仕事できれば、家庭の都合に合わせて早く帰ってもいいし、裁量は個人にあると思っています。ただ人事的には、自立・自律・自導の三つの段階に分けていて、自律・自導のフェーズになった人は、それでいいと思うんですよね。けどこの手前の自立フェーズにいる人にはきちんと先輩役がいて、その人の仕事の仕方をマネジメントしてあげるようにしています。ちなみに現在は中途採用が大半なのですが、三年前から新卒採用を始めました。徐々に新卒の仲間も増やしていきたいと思っています。

――収益モデルについてもお聞きしたいのですが。

「cowcamo」で言えば、不動産を売却・購入された際の手数料や、リノベーション事業者の方々に対するコンサルティング費をいただいてます。B to C（一般消費者向け事業）が大半ですが、B to B（法人向け事業）もあるんです。「cowcamo」を運営しているとリノベーションの領域に特化したマーケティングデータがどんどん溜まっていくので、そのデータを踏まえてリノベーション物件をプロデュースし、「cowcamo」のプラットフォームに載せて再流通させています。このようなデータの活用がテクノロジーを掛け算しながら事業をつくることの一番のメリットだと思っています。

「co-ba」に関しては何かにチャレンジしたい想いをもった、スタートアップ企業やフリーランサー、地域でアクションする活動家たちがユーザーで、そのような方々から施設利用料をいただいています。都心部では「co-ba」から始まって「HEYSHA」にステップアップをして、さらに大きな規模の会社になると、オフィス物件を仲介してオフィスデザインも担当するという、仲介チームと設計チームが組んでオフィスをプロデュースするケースもあります。

あと一棟ものの施設プロデュースの依頼もあります。たとえば、渋谷・青山エリアで築四〇年ほどの集合住宅からスタートアップ企業向けのシェアオフィスへ転用するリノベーション「Good Morning Building」[七]を担当したことがありました。われわれはその企画・設計とテナントリーシング（新規テナントの誘致）を担当し、無事に満室にすることができました。しかも、当時のオーナーが数年保有したうえで、われわれが仲介して次のオーナーに売却したという、上流から下流まで関わらせていただいた理想のケースでした。ここまですべてのフェーズで関われるのは少ないですね。企画と設計をやってリーシングは別の会社と一緒にやるとか、設計とリーシングだけとか、企画とリーシングだけやって設計は別の設計事務所と組むといったケースもあります。

＝より良い生活文化への貢献＝

――設計事務所ではなく、ベンチャー企業というかたちでこそ可能なツクルバの実践が都市やコミュニティなどにどんなかたちで貢献でき

[七]――「Good Morning Building」（企画・設計・リーシング＝ツクルバ、二〇一六年）

るとお考えですか。

そうですね。建築単体でもすごい波及効果を生むことはできると思っています。グッゲンハイム美術館のような建築ができることで世界中の人が訪れたいまちになるなんて、すごく素敵だし、僕が建築家ならそういうことをやりたかっただろうと思います。

いま、ツクルバの活動を通じて実空間だけではなく情報空間から都市へアプローチすることもできます。たとえば「KOU」でやろうとしていることは情報空間からコミュニティにアプローチしていますし、「cowcamo」は流通のプラットフォームを介して東京の住環境を一歩ず一つ前にアップデートしていこうとしています。こうして、実空間と情報空間を横断したビジネスの枠組みによって、より良い生活文化に貢献するのがツクルバでやりたいことなんですよ。

生活文化を変えるなんて、われわれだけではできない。それこそリノベーションにおいては、ブルースタジオ[10]、スピーク[11]といった先輩方がいてくれたからこそ僕らも事業を展開できていると思います。

――ある種建築というものを社会に開く強力なサポーターみたいな役割でもあると思いますね。

それこそ僕が高校時代の頃は、みんなBEAMSのビニールバックをもっていたりしましたが、BEAMSがなければオーダーメイドでスーツをつくったりハイブランドに出会ったりするきっかけがなかった人もいると思うんですよね。それと同じように建築家と一緒に家をつくるとか、しっかりデザインされたオフィスに興味をもとうと思わなかった人が、ツクルバの事業を通して出会う可能性が高まればと願っています。

＝資本主義の乗りこなし方＝

――情報処理能力や事業的なセンスや不動産の知識など、建築家に対して社会が期待する能力に変化を感じられますか。

建築家の能力って、社会の現状をしっかり見定めて、次のビジョンを提示できて、しかも参照できる歴史的な射程範囲も広いじゃないですか。

10――(株)ブルースタジオ＝一九九八年に大地山博(一九六九―)によって設立された設計事務所。二〇〇〇年に大島芳彦(一九七〇―)、二〇〇一年に石井健(一九六九―)が参画。建築設計・監理業務のほか、不動産売買、賃貸借、仲介、事業コンサルティングなど幅広い業務を行う。二〇〇〇年よりリノベーション工事で価値向上を図る事業を開始した、リノベーション業界の先駆的存在。

11――(株)スピーク＝二〇〇四年に林厚見(一九七一―)、吉里裕也(一九七二―)によって設立された設計事務所。二〇〇七年に宮部浩幸が参画。建築設計・管理業務のほか、賃貸借、売買仲介、内装に関するプラットフォーム「R不動産toolbox」運営など幅広い業務を行う。事業の一つ「東京R不動産」は中古不動産セレクトショップの先駆的存在。

現代と過去を知ったうえで未来について言及できる能力は、まさに建築系教育の賜物で、僕が感謝してる部分はそこなんですね。おそらく一流の建築家はその眼差しを鋭くもっていると思います。

ただその能力の発揮しどころが、これまで通り建築をつくる設計者としてだけでは、もったいないと思っているんですよね。それこそ現代に若かりし頃の黒川紀章さんがいたら、資金調達してカプセルタワーをつくる一大事業が展開できているかもしれない。

そんな広い時間軸で社会と向き合う感覚をもった建築家が事業のセンスを併せもっていれば、活躍の範囲がもっと広がるはずだし、そこまでやっていいと思います。

——これからの建築家には何が必要な素養であるとお考えでしょうか。建築やまちづくりを目指す学生や若い方に向けてのメッセージをお願いします。

安藤忠雄さんは勝手に模型をつくってプレゼンしましたよね。「中之島プロジェクト」や京都の「TIME'S」で。そのスタンスがかっこいいと思うんですよね。今建築を学んでいる学生にも、もっと活動家たれと言いたいですね。自分から仕掛けていく人であってほしいです。

――建築教育で修正すべきと思われる点がありましたら教えてください。

今の教育現場では、資本主義の乗りこなし方というか、どうやって事業として対峙すればいいかを教えることがあまりないと思っています。なので、少しは建築領域を飛び出てみる体験をしたほうがいいですね。建築領域でビジネスをやっているような面白い人を外部から呼んできて、学生との接点をもっとつくったほうがいいと思います。

――最後にツクルバが今後、目指すところを教えてください。

日本を代表する企業にすることですね。

創業の頃からSONY、HONDAを目指すんだと、ずっと言っています。戦後の日本の企業家にものすごく憧れるんですよね。焼け野原になったところから新しい時代の価値観をつくっていった人たちだと思っていて。

というのも、僕らの世代は、リーマンショックや東日本大震災があって、価値観という意味では、一回、焼け野原状態にリセットされたと思っているんです。そのような状況にありながら、資本主義のアクセルだけを踏み続けて事業体としてやっていくのではなく、ソーシャルインパクトも生み出しながらファイナンシャルリターンも生むようなハイブリットな組織体のデザイン、そしてこれからの時代における会社のロールモデルをつくっていきたいです。そのうえで日本を代表する会社になるのがツクルバのやりたいことですね。そう考えると、まだまだ道半ばです。

二〇一九年から「CCO」という肩書きを「チーフ・クリエイティブ・オフィサー」から「チーフ・コミュニティ・オフィサー」へと変えました。創業以来実践してきたデザインと経営を融合していく試みは、ツクルバの文化になってきましたし、世のなか的にも特殊解ではなくなりつつあります。ですから、次の試みとして「コミュニティ経営」というキーワードを掲げて、事業体と共同体という二つの側面で会社を捉えて経営していくことを目指していきます。ツクルバの経営にとって、次の挑戦ですね。

interview 8

デザインと戦略、建築家として新しいフィールドとかたちを求めて

岡部修三
[upsetters architects]

NDL ＋ LED

建築設計からブランド構築、イベント企画、プロダクトデザインなど分野を越えて広く活動するupsetters architects。企業体として収益性と活動の社会的意義をどのように位置づけ、両立させているか聞いた。

Organization Data

構成＝岡部修三がクリエイティブ全般を、立ち上げメンバーでもある、茨田督大が経営を、上川聡がマネージメントをそれぞれ統括。プロジェクトの規模や内容によって、岡部と担当スタッフでチームを構成。目的に応じてデザインチーム、ストラテジチームを組み、影響し合いながらプロジェクトを推進する。

メンバー＝計10名。役員3名、設計・デザイン・ストラテジスタッフ6名、バックオフィス1名。(2019年2月現在)

その他＝ブランド構築、コーポレートアイデンティティの開発などを行うLED、ニューヨークに拠点を置き日本と海外を横断する事業の戦略をクリエイティブでサポートするNDL、岡部が代表を務める2つの会社と連携して業務に取り組む。

岡部修三

一九八〇年愛媛県生まれ。二〇〇五年慶應義塾大学大学院政策・メディア研究科環境デザインプログラム修士課程修了。二〇〇四年upsetters architectsを上川聡、茨田督大と共同設立。「新しい時代のための環境」を目指して、建築的な思考に基づく環境デザインと、ビジョンと事業性の両立のためのストラテジデザインを行う。二〇一四年よりブランド構築に特化したLED enterprise代表、グローバル戦略のためのアメリカ法人New York Design Lab.代表を兼任。

＝製図板がなくなった第一世代＝

――upsetters architects（以下 upsetters）を立ち上げたのは学生時代だそうですね。

活動を始めたのが二〇〇四年で大学院の二年目、まだ在学中でした。その後、二〇〇五年から本格的に設計活動を始め、のちに必要に迫られて法人化しました。

大学の学部時代は建築を専攻していなかったので、大学院には二年半通いました。高校生の頃は、甲子園を目指して野球一色だったのですが夢叶わず。大学野球を逃せば本気で野球ができるチャンスは一生ないかもしれないと考え、大学でもう一度野球をしたいと思うようになっていました。大学は慶應の法学部政治学科に進学。体育会の野球部に所属し、まさに野球漬けの日々でした。もともと建築やデザインに興味があったのですが、理系で野球を続けるのはどちらも中途半端になると思い、勉強はいつからでもできると信じて、大学では、今しかできない野球に集中することにしました。ちょうどその頃、慶應の湘南藤沢キャンパス

（以後ＳＦＣ）に文系からも転部可能で建築を学べる大学院ができたことも、そのときの判断を後押ししてくれました。

大学野球を全うしたあと、ＳＦＣの政策・メディア研究科に進学し、一から建築を学び始めたのが二〇〇二年。おそらく僕らは製図板がなくなった第一世代で、建築士の試験以外では一度も製図板を使っていません。文系から進学してすぐ、見よう見まねでコンピュータを使って図面を描く、そんなことが可能になったタイミングだったとも言えます。

——昔では考えられないような展開ですね。大学院から建築を学び始めて、すぐに建築に馴染めたのでしょうか。

当時、何の知識もなくいきなり建築の世界に飛び込んだということもあり、難しく独特の言い回しで議論する感じに、なかなか馴染めませんでした。ちょうどインターネットで世界中の情報に触れることが容易になり、移動コストが安く抑えられるようになったこともあり、自分が学び始めた建築の可能性を求めて、休みの度に海外へ出掛けました。当時、オランダ建築の人気が全盛で、なかでもＯＭＡの人気は絶大でした。その現場を体験しようと、オランダに行って事務所を見学させてもらったり、いくつかの事務所ではインターンをさせてもらいながら、その先どう建築と関わっていくべきか、可能性を求めて試行錯誤していました。

ＳＦＣの大学院では池田靖史[1]さんの研究室でお世話になり、宇宙建築やコンピューテーショナル・デザインの走りを経験し［一］、建築に対して根源的にアプローチする姿勢を学びました。当時、坂茂[2]さんもＳＦＣで教鞭を取られていて、ちょうどポンピドゥー・センター・メスのコンペに勝ったタイミングでもあり、授業などで垣間みることができた世界で戦うその姿は、とても印象的でした。

一方、学校の教育において語られる「建築を通して社会に提案する」という理想を追求することの難しさを、いろんな事務所にインターンでお世話になりながら、強く実感しました。何より、その労働慣習の厳しさ、と言うよりは未熟さと言うのでしょうか、どれだけ熱意があってもこのスタイルでは働けないな、と思ってしまいました。しかも、実際の事務所の実務を見ると、パソコンとＣＡＤがあればそんなに難しくない……、あとで勘違いであることに気づきましたが、頑張れば自分にもできそうだと思わせるものでした。

1――池田靖史＝建築家、都市環境デザイナー、慶応義塾大学政策・メディア研究科教授。一九六一年生まれ。一九九五年（株）池田靖史建築計画事務所設立。二〇〇三年（株）IKDSに改称、現在は國分昭子と共同主宰。コンピューテーショナルなデザイン手法やデジタル・ファブリケーションなどの先端的な技術をサスティナブルな都市・建築デザインへ応用する研究に取り組む。

2――坂茂＝建築家。一九五七年生まれ。一九八五年坂茂建築設計、一九九五年ＮＧＯボランタリー・アーキテクツ・ネットワーク（VAN）を設立。二〇〇九年日本建築学会賞作品賞受賞、二〇一四年プリツカー建築賞受賞。マイノリティに強い関心を寄せ、災害時に避難所で使用する間仕切りや仮設住宅を提案する。

3――松村秀一＝建築学者（建築構法・生産）。一九五七年生まれ。二〇〇六年東京大学大学院工学系研究科教授、二〇一八年特任教授就任。実践的な建築や未来像に関する研究に先駆的に取り組み建築界をリードする提言も多い。『建築―新しい仕事のかたち―箱のちょうどその頃、景気の状況も相まって、リノベーションブームが始まる兆しがあり、小さな仕事が日本には増えていました。一般的にはまだリノベーションという言葉は使われていませんでしたが、修士論文の際にもお世話になった東大の松村秀一[3]さんの影響もありコンバージョンの可能性を探っていたことや、何よりアメリカやロンドンで実際に体験して、リノベーションによる空間活用の可能性を感じていたこともあり、これならすぐにでも実践でき社会に対しても提案性がもてるかもしれないと考え始めました。

——その流れでupsettersをつくられたのですね。

そうです。現在もパートナーである茨田、上川と三人で立ち上げました。茨田は設計を学んだのちに不動産会社に務めていて、上川は当時ほかの設計事務所に勤めていました。僕は学生だったのでそれぞれ放課後の活動的に集まり始め、彼らと一緒に小さなリノベーションを手掛けたことがきっかけで、プロジェクトの相談をもらうようになって、会社を立ち上げることになりました［一］。

産業から場の産業へ』（彰国社、二〇一三年）、『ひらかれる建築：「民主化」の作法』（筑摩書房、二〇一六年）、『建築再生学―考え方・進め方・実践例』（市ヶ谷出版社、二〇一六年）など多数の著書がある。

［一］——SFC池田研究室時代の取り組み。日本科学未来館「人類が創る宇宙史展」展示作品（二〇〇三年）

＝リサーチ、ストラテジ、デザイン＝

――現在の多彩な業務内容について、そのスタイルに至るまでの道のりを教えてください。

僕らはどちらかというとコンテンツ寄りの事務所に見られることが多いのかなと思いますし、実際そういう仕事も少なくないのですが、最終的には建築もしくは建築的なアプローチを通して社会に提案していきたいという想いがあります。もともと僕はデザインが好きで、なかでも建築は、デザイン好きの人に限らず広い対象に対して提案できることが魅力だと思っています。

僕が受けた建築教育に、「前提条件を疑う」ということがあります。いわゆる要件の設定こそが重要だということですが、実際の社会における設計という仕事の実情を知れば知るほど、コンテンツがすでに決まったものを依頼されて設計するという構図である以上、そもそもその教えを全うできないのではないか。そう強く危機感を感じました。当たり前ではありますが、コンテンツをデザインする立場に立たないと前提条件を

[一]――upsetters architects立ち上げのきっかけとなった作品。「STEPPERS RECORDS」（インテリアデザイン＝upsetters architects、二〇〇五年）

本質的に疑うことができない、場合によっては建築よりもコンテンツのほうが重要な局面すらあるのではないかとさえ思うようになりました。もちろん、建築をつくる必要がないとは思っていないですし、どちらかというと建築の力を信じています。だからこそ仕事への取り組み方は変えていかなければいけない。そうした想いを純粋に追求した結果、現在のスタイルにつながっているのだと思います。

――HPで掲げられている「upsettersを象徴する三つのキーワード」が印象的です。

このキーワードは、upsettersの取り組みを三つのキーワードとして紹介したものです。一つ目の「建築的な環境デザイン」［三・四・五］は、広い意味での環境を対象として、建築的なアプローチでデザインに取り組むことを意味しています。ここでいう建築的なアプローチとは、多様な要件を、時間的な視点をもって、環境としてまとめていく、ということで定義づけていて、その結果として、いかにそこでしかできないデザインができるかを目指します。

［三］——「建築的な環境デザイン」の事例。複合施設「Tsutsujido」（設計‖upsetters architects、2017年）

［四］——「House in Kugenuma」（設計‖upsetters architects、2013年）

［五］—— YUZU のドームコンサート
「YUZU 15th Anniversary Dome Live "YUZU YOU"」
（ステージデザイン ‖ upsetters architects、2012 年）

――〝環境〟と〝建築〟それぞれの言葉をどのように扱っているのでしょうか。

環境に内包されたものとして建築を、建築に内包されたものとしてインテリアを、インテリアに内包されたものとしてプロダクトを捉えています。それらすべてが影響しあって環境をつくっているとも考えています。先ほどお話しした建築的アプローチによって、明確なビジョンに向け道筋を立て一つずつディテールを与え、形にしていく力。それが、建築的なアプローチによる環境デザインの可能性だと考えています。具体的なプロジェクトとしては、住宅、オフィス、店舗、コンサートステージ等と多岐にわたり、アウトプットはいわゆる建築だけではありません。

二つ目の「パートナーシップとストラテジデザイン」は、プロジェクトにおいてクライアントとパートナーとしての関係を築き、共通のビジョンをもって協業する取り組みです。どうすればそこに向かって前進するか、取り組み方を考え続け、ビジョンと事業性を両立することで、長期的な取り組みを目指します。

――ストラテジデザインによって、何が可能になりますか？

端的に言うと、目的に応じて何をつくるべきか、どう進めるべきかが明確になります。たとえば「10〝TEN〟」［六］は、愛媛のみかん産業をより良いかたちでつないでいくことをビジョンとしています。日本一の柑橘の品種数を誇る愛媛ならではの楽しみ方を、高付加価値商品を軸とした事業として構築。その魅力と新しい楽しみ方を伝えながら、利益をみかん産業へ還元することを目標として、立ち上げから五年間パートナーとして取り組みました。まだまだ大きな目標を達成できたわけではありませんが、愛媛に二店舗、東京の銀座に一店舗出店し、多くのメディアに取り上げていただくなど、産業の新しいスタンスの可能性は提案できたと思います。

ほかには、企業の事業継承や時代に合わせた事業のリニューアルをお手伝いしたりもしています。組織づくりから、その延長としてのオフィスの設計、新規事業の開発などにもプロジェクトとして取り組んでいます。そのほか、全国に支店をもつ店舗のデザイン監修や、海外のブランドが日本に出店する際のサポート［七］をしたりしています。そうした役

［六］――「パートナーシップとストラテジデザイン」の事例。総合的なディレクションを担当した愛媛県のみかん産業のこれからに向けたプロジェクト「10 "TEN"」（ブランド戦略、ブランドアイデンティティ構築＝upsetters architects、二〇一二〜一七年）

割の一つに、先ほどお話しした前提条件について考えることが含まれていると考えています。僕らが手掛けているプロジェクトの規模はさまざまですが、社会的な意義を追及するには年商二億円から一〇億円ぐらいの事業規模がちょうど良い、という実感があります。それより大きくなり過ぎた場合、目指すような社会的な意義と純粋にはマッチしづらくなる。一方でそれより小さ過ぎる場合は、提案の影響範囲に限界がある。今の時代だからこその、小規模で志ある事業が連なり、社会を動かしていく、そんな状況が生まれると面白いなと思います。このような取り組みを試し始めたのは二〇一〇年、取り組みに手応えを感じるようになったのが、二〇一五年頃です。

一方で、クライアントが存在しない領域に対する興味、それが三つ目の「未来のためのリサーチと実践」につながっています。僕たちの仕事の価値は、新しい〝こと〟や〝もの〟を生み出すところにあると思っていて、社会的な意義を追及することは、新しい表現につながると考えています。

たとえば、渋谷区で取り組んでいるプロジェクト「超福祉展」［八］では、「福祉」という言葉の概念を変えることを目標として、渋谷区とプロジェクトメンバーとともに継続して取り組んでいます。去年で五年目を迎え、

［七］――「PELLICO Tokyo Midtown Hibiya」（日本におけるブランド戦略、インテリアデザイン＝upsetters architects、二〇一八年）

一週間で延べ六万人程を集客するイベントに成長させ、そこで発信される新しい「福祉」のイメージと活動の広がりに、「福祉」という言葉の概念を更新できるかもしれないと期待しています。

日本の将来を考えると、国の力はますます弱まり、公共の予算は縮小の一途をたどると考えるのが自然です。それに対して、民間主導の公共事業の重要性は益々大きくなっていることは明らかで、今、そうした取り組みからも抜け落ちてしまうような領域について興味があります。商業的なアプローチでは抜け落ちてしまうような領域。そこに建築家としてどうやって関わっていくことができるか、考えたいと思っています。

こうした三つのキーワードに象徴されるような活動を、対象を限定せずに自分たちなりの建築的なアプローチで取り組む、それがupsettersです。

＝どうすればより良くできるか考え続ける＝

――岡部さんのような仕事のスタンスは、建築設計の能力をもつ人であれば可能なのでしょうか。

僕は可能だと思います。建築設計の仕事には、調査、分析、戦略、そして形にする能力が問われます。そう考えると、それらの能力が必要とされる場面は建築に限らず、本当に多いと思います。加えて現代はインターネットがあるので、どんな分野においてもいわゆる初歩的なコツをつかむところはかなり効率化できる時代と言えます。実際の現場においてはさまざまな壁があるとは思いますが、状況を見極められるようになりさえれば、そこから専門的なスキルをもった人と組めばよい。そう考えると、活動のフィールドは無限に広がります。

――先ほどのお話にあった「10〝TEN〟」は愛媛県出身ということで依頼があったのでしょうか。

きっかけの一つではあると思います。共通の知人からの紹介で知り合い、愛媛の産業を盛り上げたい、と相談がありました。当時、海外の仕事の割合が多かったのですが、ちょうど東日本大震災がきっかけとなり、日本の仕事を増やしたいと思っていたタイミングでした。クライアントは今治タオルのセレクトショップをすでに展開していて、そのお店の強

［八］――「未来のためのリサーチと実践」事例。二〇一四年から継続して渋谷区と取り組むイベント「超福祉展」（ブランド戦略、展示企画、展示デザイン‖upsetters architects、二〇一四年～現在）

化が直接の相談でしたが、せっかく志と勢いがある会社からの依頼なのでほかではできないことを形にしたいと考えました。ブレストのなかで、愛媛といえばみかんは外せない、ということになり、実際に一〇カ所以上のみかん山に登りヒアリングを進めるなかで、ビジョンをまとめていきました。

——クライアントはもともとは何をやってらっしゃる方ですか？

地元で旅館業を営んでいる経営者です。同世代で、意義のあることで利益を追求したいという強い思いがありました。これまで、日本企業が中国に進出して、多店舗展開するための戦略構築に関わったり、韓国でサムスン第一毛織[4]のアパレル出店戦略［九］に関わったりしてきた経験を、自分に縁のある土地で活かしたい。そんな想いと、クライアントのビジョンが良いタイミングでリンクしたのだと思います。

——サムスンのお仕事はどんなきっかけで始まったんでしょうか？

4——サムスン第一毛織（Samsung Cheil Industries）＝サムスングループのファッション部門を牽引してきた大韓民国の商社。多数のグローバルブランドを展開する。

少し脱線しますが、僕はカルチャーそして何より音楽が好きで、昔、レコードのバイヤーのお手伝いをしていたほどです。インターネットによる通販が日常になる前の時代で、海外でレコードを買い付けて日本に送る仕事だったのですがそこで多くの出会いがありました。サムスンのプロジェクトは、その買い付け先でお世話になった先輩がきっかけをつくってくれました。初めはコンペの誘いで、日本人の若手をデザイナーとして起用した店舗をつくりたいということで、ちょうど一回りぐらい上の世代の日本の建築家と競合でした。プレゼンでは、今後の店舗の存在意義として、インターネットによる通販が中心となる時代が来て店舗の役割が変わること。その結果として売り場面積に余裕ができるので情報発信などをしながら、スペースを開放して積極的にまちに関わっていくことが重要になること。そんな話をしていたら、サムスンの会長の娘さんに話が届き、その後、多くのプロジェクトを任せていただきました。今から一〇年以上前の話です。

サムスンでは、非常にしっかりとしたストラテジに基づいて店舗開発を行っていたので、そうした貴重な仕事の現場を経て、小売りの基本から、店舗構築と運営、そのための組織構築など、店舗開発に必要な設計

［九］——サムスングループアパレル部門の店舗「FUBU Gwangbok-Dong」（ブランド戦略、建築設計、インテリアデザイン＝upsetters architects、二〇〇八年）

周辺の領域を自分なりに学んでいきました。

――upsettersのほかに関わられている会社について教えてください。

upsettersのほかにいくつかの会社の経営に関わっていますが、そのなかの代表を務めるLED、NDLという二つの会社についてお話しします。

LED［十］はデザインによるブランド構築などを行う会社で、グラフィックデザインなど、クリエイティブ全般を担当するチームとして、代表の自分以外に二名の社員がいます。わざわざ設計事務所と切り分けて別の会社として運営するのは、専門的なスキルが必要な仕事はプロフェッショナルに任せるべきだという考え方からです。

いろんなことが簡単にできるようになって、設計事務所がロゴなどグラフィックの領域もやります、というようなケースもたまに聞きますが、僕自身その傾向についてはあまり信用していません。建築家が、線を引かないプロデューサーがつくる建築を嫌うことと同じだと思います。これまでも本当に多くのデザイン事務所と協業してきましたし、これから

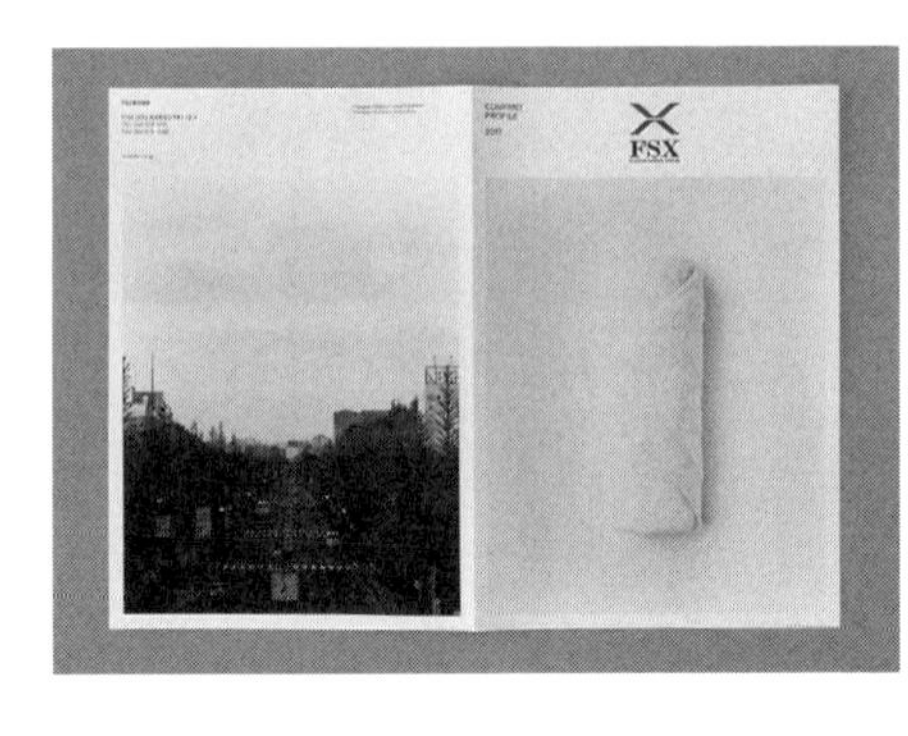

［十］――LEDとのコラボレーション事例。50年の歴史をもつおしぼり会社「藤波タオルサービス株式会社」社名変更に関するブランド戦略。upsetters architectsがブランド戦略、ブランドアイデンティティ構築を、LEDがコーポレートアイデンティティ構築を手掛けた。「FSX, Inc.」会社案内（デザイン＝LED、二〇一七年）

も積極的にそうしていこうと思っていますが、自分たちが目指す方向を共有しながら、分野を横断し進めることはなかなか難しい。そうであれば、本当のプロフェッショナルな集団を、自分で運営できないか。そんな思いで取り組んでいます。今いるメンバーはTycoon Graphics[5]という会社の元メンバーで、すごく優秀。内製化ではないので、upsettersとの仕事のほか、個別の仕事も行っています。

NDL[十二]は二〇一四年につくったニューヨークの会社で、僕以外のパートナー二名と立ち上げました。これまでも海外の仕事をたくさんしてきましたし、この先も自然とそうなると思いますが、今後ますますプロジェクトで扱う課題は日本で完結せず、世界と地続きになることは避けられない。そう考えると、日本からの視点だけではあまりにも狭すぎる。ニューヨークの仕事がしたいわけでも、海外の仕事に特化したいわけではなく、ニューヨークに拠点があることによって、日本においてできる仕事の内容が変わってくるんじゃないかと考え、提携ではなく自分の会社を構えました。

今は、日本から海外への進出、逆に海外から日本への進出についての戦略のお手伝いをしている程度なので、これからどう育てていこうかと

5——Tycoon Graphics（タイクーングラフィックス）＝一九九一年に宮師雄一、鈴木直之により設立されたデザイン事務所。二〇一四年まで活動。企業CIやブランディングにおけるクリエイティブディレクションをはじめ、音楽・ファッション・広告・エディトリアル・映像などさまざまな分野でのアートディレクション及びグラフィックデザインを行った。おもな仕事に表参道ヒルズや堂島ホテルのロゴデザイン、サイン計画がある。

考えている最中です。まだ利益はあまり出ませんが、やり続けることでアメリカという国、もしくはニューヨークを通じて、世界に対しての理解が広がればと思っています。

これらの二社は僕が代表をやっているという共通点以外はそれぞれまったく独立した別の組織なので、今お話したことはそのほんの一部のストーリーということになります。

リスクを取ることで可能になること、そしてノンプロフィット領域についての気づき

——upsettersの考える社会的意義と取り組みについて教えてください。

根源的に興味があるのは自分たちの活動における社会的な意義とその先にある社会についてです。そう考えると、upsettersは営利法人である以上利益を追及する必要があるので、究極的には限界がある。もちろん、気持ちとしてはそうでないつもりでいますが、仕組みとして矛盾している。今、そこからこぼれ落ちる領域をどうすれば掬い取ることができる

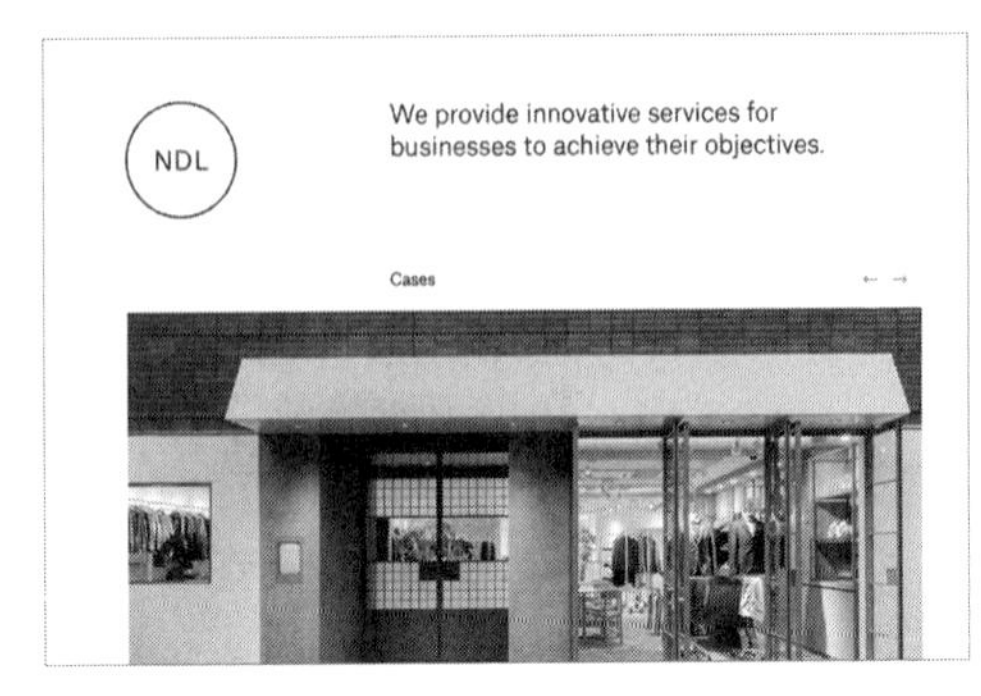

[十二]——NDLコーポレイトサイト

のか、ということに興味があります。たとえば先ほどご紹介した「10〃TEN〃」にしても、どれだけビジョンを純粋に掲げてもそこにはある種の矛盾が生じる。ある程度商業的な成功を収め、客観的な評価をもらうほど、ビジョンに対して進み続けることの難しさを感じずにはいられない。良い悪いではなく、本質的にビジョンを目指すなら、その仕組みと向き会う必要性があると感じるようになりました。

そうした経験を経て、昨年、同じく愛媛県の砥部町で進めていた伝統的な砥部焼のブランド「白青」［十二］を事業ごと買い取りました。自分たちで運営すれば営利法人でどこまでビジョンを追求できるのか、という挑戦でもあります。今まさに、二〇一九年の四月に向けてブランドをリニューアルし、愛媛県に直営店舗を開く準備を進めています。常々、クライアントのビジョンに自分たちが考えるビジョンを重ね合わせてプロジェクトに取り組んできましたが、事業主体になってリスクを取ることでできること、それを実践を通じて考えたいと思っています。

同時に考え始めているのが、ノンプロフィット領域についての可能性です。たとえば、先ほどの「白青」において、課題となっている原料の話があります。これは器の産地共通の話しではありますが、原料が採れ

［十二］——事業の企画立案からプロダクトデザインまで、トータルで手掛けた砥部焼ブランド「白青／Shiro Ao」（ブランド戦略、ブランドアイデンティティ構築、プロダクトデザイン‖upsetters architects、二〇一三年〜現在）

ない、もしくは事業として採算が取りにくいことなど、複合的な要因によるもので、砥部以外の有名な産地でも原料を中国などからの輸入に頼っているケースが多々あるといいます。

これだけボーダレスな社会になってきていることを考えると気にする必要はないという意見も理解はできますが、きちんと差別化して価値のある産業として存続していくためには、原料の由来は非常に重要で、地元で供給できることは事業の安定性にも大きく関わります。

こうした課題に関しては、先ほどまでの話の通り、営利法人で取り組むことは非常に難しく、加えて産地全体の公平性を保ち継続させていくことも難しい。一方で行政では到底やりきれない。そういうケースに、非営利組織をきちんと経営し、データ化などによってクオリティの維持をしながら効率化を図るなど、今の時代なりの発展を両立させていく。この先、自分たちが関わらなくなってもそのまま回っていくための仕組みと組織をつくる必要もある、そのための非営利組織の可能性を探りたいと考えています。

日本では非営利組織というとまだまだ、ボランティアとして仕事の片手間でやっているというイメージですが、本来きちんと経営すれば個人としては十分稼げる。ビジョンに向けて経営すれば、非営利の組織は非常に重要な存在になり得るのではないか、そう考えるようになりました。

営利組織としての民間、そして公共、という二つの区別ではなく、民間による非営利組織の可能性について建築家が自覚的に、そして積極的に関わることに大きな可能性を感じています。商業のフィールドで学んできた経営のスキルを目的に合わせて、営利、非営利、公共といったフィールドを理解して横断すること。そうすることで何より、建築家として面白いと思えるプロジェクトに関わり、これまでにないものを創造し、社会を前進させる、そんなことに取り組んでいきたいと思っています。

仕事の効果が反映されるフィーの設定で一緒に稼ぐ

──upsettersはどのような組織体系になっていますか。

人数は現在一〇人程で、プロジェクトに応じてアルバイトなどでもう少し増えることもあります。先ほどもお話しした通り、パートナーが二人いて、共同で運営しています。自分を含む三人のパートナーにはそれぞれ役割があって、僕は会社のコンセプトづくりとデザインの統括に集中しています。もう一人は会社経営、もう一人は会社のマネージメントをそれぞれ担当しています。基本的には社員は全員が正社員で、これは自分の体験からくるポリシーです。いわゆるアトリエといわれるような設計事務所の場合、驚くべきことに正社員で構成されていない会社がたくさんあります。場合によっては大学院などの研究室の活動と混同して設計を進めているようなケースもたくさん見てきましたが、そういった慣習に大きな違和感があります。そんな組織で専門的な仕事が務まるとは思えません。

学生時代の事務所経験は、その先の生き方を考えるのにとても重要な機会だと思っているので学生のアルバイトは積極的に受け入れていますが、それ以外はよほどのことがない限りお断りしています。大切なことは、自分たちの都合ではなく、関わってもらうそれぞれと、その先を見据えた関係を構築すること。業態として独立したい人がいることは自然だと思うので、そうした将来のビジョンも共有しながら、協業する時間をより良いものにしたいと考えています。

人の人生を預かるようで、会社を始めて一〇年くらいまでは全員に独立を進めていましたが、今は少し考えが変わってきました。活動開始から一〇年がすぎたあたりから、長いスパンで一緒に会社を育てていくようなビジョンを共有できるメンバーも育ってきているので、今後はより良いコンディションで仕事に取り組めるように、体制を整備していきたいと思っています。責任が取れる体制であれば働き方は自由で良いということが前提なので、柔軟に模索し続けたいと考えています。

プロジェクトの進め方としては基本的には僕と担当者がチームを組み、パートナーがマネージメントというかたちで横断的にサポートを行います。プロジェクトによってデザインチーム、ストラテジチーム、もしくはその両方を組み、相互に影響を与えながらプロジェクトを推進します。

――今どれぐらいプロジェクトがあるんでしょうか。

プロジェクトに大小はありますが、常時およそ二〇案件が同時進行しており、そのうち約六割が設計業務です。設計以外では、先ほどからお話ししているストラテジと呼んでいる業務や、行政から依頼を受けた調査業務なども含まれます。なかには設計、デザインを担当して完成したプロジェクトと、パートナーとして継続契約を続けコンテンツの運用に関わっているケースも多くあります。

――業務に対してどのようなかたちで請求されているのですか？

建築の設計料に関しては、見積もりは人工計算でお出しし、通例通り、定められた工事金額に対する割合の範囲でいただいています。そうすると、個人の住宅ではどれだけ豪邸でも大きな金額にはならない。当然クライアントにとっては一生のものなので、できる限り時間を掛けて良くしようと思うため、事務所の運営的にはたいていトントンです。もちろん、利益が少ないからやらないというわけではなく、住宅設計は年に二、三件に留めることで、事務所運営とクオリティの維持を両立するように意識しています。それだけ住宅設計からの学びは大きいとも言えます。

一方、インテリアデザインに関しては時価とも言えるので、クライアントとの関係で、利害が一致すれば住宅の何倍にもなることがあります。

それ以外の業務、upsettersでいう、ストラテジデザインに関しては、基本的な考え方として関わらせていただく事業に対し、期待される貢献具合によって報酬を設定します。そのうえで、多くの場合は定期契約を結び、パートナーとして長期的な共通の視点をもつための下地をつくります。お互い、貢献具合をチェックしながら取り組むので、成果がわかりやすく不要なストレスがなくなります。事業のフェーズやコンディションによっては、最低限のランニングコストだけ負担していただき、設定した目標を超えた場合に成功報酬をいただくような契約を提案することもあります。ある意味、リスクも責任もありますが、スポーツ選手や、歌手などと同じで、事業に貢献できればできるだけ、報酬が増える考え方です。いずれにしても、利益が出ないと事業の継続性は保持できませんので、請求するというよりは、一緒に稼ぐといった考え方です。

長い時間軸をもった価値観が利益を生む

――upsettersのような建築設計に留まらない広範囲にわたる仕事を切り開きたいと思う方にメッセージがあれば。

一番大事なのは、何がやりたいか、そしてそれを本当にやりたいのか、ということだと思います。本当にやりたいことがあるとしたら、自分なりの方法でやり方自体を工夫していく必要がある。過去には、当たり前と思いつつ難しかったことが、テクノロジーの進化によって可能になる時代です。普通かどうかは気にしない。もし本当にやりたいことがあるのであれば、今は本当に始めやすい時代だと思います。

――若い方が建築設計に向かわない状況があるようですが、それに対してはいかが思われますか。

学生と接していると、僕らの頃に比べて建築に対しての期待が少ないと感じることがあります。ただ、権威的なものがどんどん崩壊して、小さな単位、個人の単位に細分化される時代なのでそれは自然とも考えます。同時に、そういう時代だからこそ歴史のなかで続いてきた建築の可能性を、先へつないでいく責任を感じています。建築の可能性は、何より時間軸が長いことにあると思います。過去から未来まで、自分たちの寿命よりも長いスパンで物事を考えて提案していく強さと、責任。これからの時代、ますます建築家のそういった価値観は、重要視され価値を生むと思っています。

僕は本質を求め続けた結果、建築と少し外れたところからのアプローチが広がってきましたが、これから先は自分の蓄積を背景にしつつ、改めて建築のフィールドでできることを強く意識して勝負したいと思っています。建築の面白さを若い人たちにも伝えたいですね。先ほども言いましたが、昔よりは絶対にやりやすくなってると思うので。僕らもテクノロジーの変化に助けられてここまで来ましたし、移動も極めて容易になり、情報も個人で発信できる。こんな時代ならではの建築の可能性があると思います。

――たとえばどんな可能性でしょうか。

建築が今面白くなっていると思えるポイントの一つとしては、扱えるパラメーターがものすごく増えていることがあると思います。たとえば僕らの事務所でも住宅を設計するのに温熱シミュレーションをやることが当たり前になってきています。テクノロジーの発達によって、これまでは複雑過ぎて不可能だったことをテーマとして、可視化し理論的に検討できる。選択肢は日々広がっています。今後は、そういったパラメーターの選択と組み合わせ、その上にある感覚的な表現とのバランスが重要になると思っています。社会の変化が激しいので、そういった教育こそこれから必要になるとも思います。

＝対象を更新し、そこでしかできないデザインを＝

――今後の展望はいかがでしょう。

先程までの話と重複する部分もありますが、これまで、どうすれば建築家として納得のいく活動ができるのか、ということにこだわって試行錯誤してきました。その結果として、デザインとストラテジ両方からアプローチするようになり、とくに最近、その手法が効果を発揮することが実感できています。

その経験をもとに、これまでなかなかデザインの対象にできないとされているような対象、たとえば土木の領域とか、福祉に関わる領域などをデザイン対象として、そこでしかできないデザインをする。その両方にこだわっていきたいと思います。

ありがたいことに、今その延長として考えられる多くの機会をいただいています。どのプロジェクトも楽しみですが、一つ挙げるとすれば、昨年、清水義次[6]さんにお声掛けいただき、岡崎正信[7]さんらと取り組んだ、岩手県の二戸市における公民連携基本計画の策定と、その関連プロジェクトが挙げられると思います。どうすれば、本質的な公民連携が可能になるか。そこに必要な環境と運営組織が生まれ、継続できる状況を後押しできるのか。今まさに次のステップを準備中ですが、こうした貴重な機会を通じて、自分なりにその可能性を広げ、ほかのエリア、ニーズに対して指針となるようなプロジェクトを目指したいと思っています。公／民、プロフィット／ノンプロフィット、それぞれの連携と住み分けを適切に選択しながら、新しいフィールドを求め続け、新しい〝環境〟をつくっていきたいですね。

6――清水義次＝059頁注2参照。

7――岡崎正信＝（株）オガール代表取締役。一九七二年生まれ。現国土交通省都市政策課などを経て、東洋大学大学院経済学研究科公民連携専攻修了後、二〇〇七年よりオガールプロジェクトに従事。オガールは二〇一三年に「土地活用モデル大賞」の国土交通大臣賞、二〇一八年に日本建築学会賞（業績、オガールデザイン会議と共同受賞）を受賞。

おわりに

本書はユウブックスの一作目『リノベーションプラス　拡張する建築家の職能』の続編です。今作は企画やリサーチ、コンサルティングといった、いわゆる〝上流工程〟に携わる建築家という切り口でまとめました。

先行き不透明でシビアな現在の社会情勢では、空間性や形だけが優位に議論される状況ではなく、建築家もさまざまな問題に対処することが求められている。そんな現代社会の設計事務所のあり方として、「建築設計以外の専門領域をもつこと」「そのための組織の工夫をもつこと」は有効に機能するのではないだろうか。

このような意識で取材を進めていきながら、企画の糸口をくださったリライトの古澤大輔氏、設計とブランド構築などのストラテジ事業を両立させ成功させているupsetters architectsの岡部修三氏、そして前作『PUBLIC PRODUCE』執筆の頃より企画の相談に乗ってくださっていたツバメアーキテクツの皆さんを監修者として迎えました。この三者それぞれの立場から意見をいただいたことが、インタビュイの人選や鼎談テーマに反映し、本書のテーマを明快に示してくれました。

この三者の監修者を含め、本書に登場いただいたほかのインタビュイの方々も、拙いインタビューとタイトなスケジュールにも関わらず、快くご対応くださいました。改めて深く感謝申し上げます。

そして本書の制作において、インタビュー原稿を執筆いただいた久保田円さんと中村謙太郎さん、素敵な本にデザインしてくださったidoの飯田将平さん、どうもありがとうございました。

また日頃よりユウブックスの活動を応援してくださる方、そして本書をお読みくださる読者の方には、ほんとうに感謝の念に堪えません。

本書が少しでも建築を志す方のお役に立てたら幸いです。

二〇一九年三月

ユウブックス　矢野優美子

図版クレジット(撮影・提供)

[巻頭鼎談]
扉ポートレート3点=ユウブックス 、[一]=曽我部洋平、[二]=リライト、
[三]=阿野太一、[四]= 3D City Experience Lab.、[五]=蘆田暢人建築
設計事務所、[六]=日本大学理工学部まちづくり研究科 落合研究室、
[七]=ツクルバ、[八]= Tsubame Architects

[Interview1]
扉ポートレート[一][三][四][五][六]右=Tsubame Architects、
[二][六]左 [七]= Kenta Hasegawa

[Interview2]
扉ポートレート[二][三][四][六] 2点[八][九]上=リライト、[一] 2点
=3331 Arts Chiyoda、[七]右[九]下=鈴木竜馬、[七]左=鍵岡龍門

[Interview3]
扉ポートレート=ユウブックス、[一] 2点=川澄・小林研二写真事務所、
[二] 2点=高木康広、[三] 2点= Kyle Yu、[四][五] = noiz

[Interview4]
扉ポートレート =ユウブックス、[一]=ライゾマティクス、
[二]= Hiroyuki Takahashi / NEP、[三]= Albert Muñoz ©Sónar Festival
©Advanced Music、[五] 3D City Experience Lab.、
[六][七]= Muryo Honma 、[八]=岩瀬諒子設計事務所

[Interview5]
扉ポートレート =ユウブックス、[一]= ENERGY MEET、
[二][三][四][五][六] 2点 [七][八][九]=蘆田暢人建築設計事務所

[Interview6]
扉ポートレート[一][二][三][四][五] 2点 [六][七][八][九] 3点
[十][十一][十三][十四][十五] 2点=PEA... / 落合建築設計事務所、
[十二]=日本大学理工学部まちづくり工学科 落合研究室

[Interview7]
扉ポートレート =ユウブックス、
[一][二][三][四][五][六][七]=ツクルバ

[Interview8]
扉ポートレート =ユウブックス、[一][五][十] = upsetters architects、
[二]=小暮 徹、[三][四][七][八] 2点[九]=若林雄介、
[六]=三部正博、[十二]=木田裕介

監修者略歴

古澤大輔
Daisuke FURUSAWA

1976年東京都生まれ。2000年東京都立大学工学部建築学科卒業、2002年同大学大学院修了。同年メジロスタジオ一級建築士事務所設立、馬場兼伸、黒川泰孝と共同主宰。2010年(株)リライト参画、2011年建築・不動産部門分社化。2013年より日本大学理工学部建築学科助教(古澤研究室主宰)。同年メジロスタジオをリライトDに組織改編、現在リライトD代表。

岡部修三
Shuzo OKABE

1980年愛媛県生まれ。2005年慶應義塾大学大学院政策・メディア研究科環境デザインプログラム修士課程修了。2004年upsetters architectsを上川聡、茨田督大と共同設立。「新しい時代のための環境」を目指して、建築的な思考に基づく環境デザインと、ビジョンと事業性の両立のためのストラテジデザインを行う。2014年よりブランド構築に特化したLED enterprise代表、グローバル戦略のためのアメリカ法人New York Design Lab.代表を兼任。

ツバメアーキテクツ
TSUBAME ARCHITECTS

2013年山道拓人・千葉元生・西川日満里により共同設立。空間の設計をする「Design」と、空間が成立する前の枠組みや完成後の使い方を思考し、研究開発を行う「Lab」の2部門からなる設計事務所。

アーキテクトプラス
“設計周辺”を巻き込む

2019年5月30日　初版第1刷発行

監修者＝古澤大輔・岡部修三・ツバメアーキテクツ
発行者＝矢野 優美子
発行所＝ユウブックス
〒157-0072 東京都世田谷区祖師谷 2-5-23
TEL 03-6277-9969　FAX 03-6277-9979
info@yuubooks.net　http://yuubooks.net

企画・取材・編集＝矢野優美子
文＝久保田 円（Interview5,6）
　　中村謙太郎（巻頭鼎談、Interview1～4,7）
ブックデザイン＝飯田将平／ido
印刷・製本＝株式会社シナノパブリッシングプレス

ISBN 978-4-908837-06-7 C0052